管理組合でできる 日常点検と簡易診断

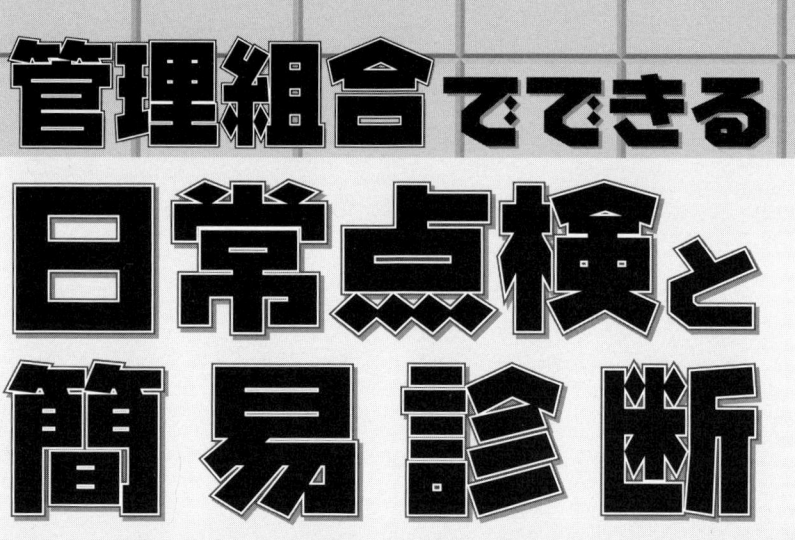

著者／澤田 博一（一級建築士）
発行／（財）マンション管理センター

大成出版社

目　　次

はじめに ··· 1

第1章　日常点検の準備 ·· 3

1．資料の用意 ··· 3
2．点検の方法 ··· 5
3．準備する道具 ·· 6
4．まとめ ··· 7

第2章　構造や劣化の基本的な説明 ························· 11

1．マンションの構造 ·· 11
2．屋上や屋根の防水方法 ·· 13
3．壁や軒裏の仕上方法 ··· 13
4．建具・鉄部等について ·· 13
5．劣化の基本的なメカニズム ·· 14
　(1)　躯体について ·· 14
　(2)　防水層について ·· 16
　(3)　壁面仕上について ··· 17
　(4)　建具や鉄部について ·· 17
6．まとめ ··· 17

第3章　調査の項目と診断の基準 ······························ 19

1．劣化現象…どのような現象に目をつけたらよいのか ········ 19
　A．防水関係 ··· 19
　B．躯体関係 ··· 20
　C．タイル・モルタル仕上関係 ····································· 21
　D．塗装関係 ··· 21
　E．その他 ·· 22
2．診断の基準 ··· 23
3．まとめ ··· 24
　▶　用語の解説 ··· 25

第4章 防水関係の調査診断(1) ……………………………27

1．基本的な構造……………………………………………27
2．点検方法…………………………………………………29
3．劣化事例…………………………………………………30
4．診断及び判定……………………………………………31

第5章 防水関係の調査診断(2) ……………………………33

1．点検方法…………………………………………………33
2．屋根………………………………………………………34
3．バルコニー………………………………………………34
4．共用廊下…………………………………………………35
5．シーリング………………………………………………35

第6章 軀体やタイルの調査診断 ……………………………37

1．点検項目…………………………………………………37
2．点検方法…………………………………………………37

第7章 壁面塗装の調査診断 …………………………………41

1．点検項目…………………………………………………41
2．点検部位…………………………………………………43
3．点検方法…………………………………………………43
4．チェックリストの説明と調査図の例…………………43

第8章 鉄部塗装等の調査診断 ………………………………45

1．点検項目…………………………………………………45
2．点検部位…………………………………………………45
3．点検方法…………………………………………………47
4．チェックリストの説明…………………………………47
▶ 用語の解説………………………………………………48

第9章 金物・建具・内装等の調査診断 ……………………51

1．点検対象部分と劣化現象（点検項目）………………51
2．点検方法とチェックリストの説明……………………53

第10章　給排水・電気設備の調査診断 ……………………57

1．点検対象と項目（劣化現象）……………………57
2．点検方法とチェックリストの説明……………60

第11章　外構土木の調査診断 ……………………61

1．点検の対象………………………………………61
2．点検項目…………………………………………62
3．点検方法…………………………………………62
4．チェックリストの説明…………………………63

第12章　専門家の行う調査診断 ……………………65

1．調査の目的と段階………………………………65
2．実際の調査方法…………………………………66
3．診断結果の受け取り方について………………67

おわりに ……………………………………………71

日常点検チェックリスト1（屋上防水用）……………………72
日常点検チェックリスト2（その他防水用）…………………73
日常点検チェックリスト3（軀体・タイル用）………………74
日常点検チェックリスト4（壁面塗装用）……………………75
日常点検チェックリストA（バルコニー用）…………………76
日常点検チェックリストB（共用廊下用）……………………77
日常点検チェックリスト5（鉄部等塗装用）…………………78
日常点検チェックリスト6（金物・建具・内装用）…………79
日常点検チェックリスト7（設備用）…………………………80
日常点検チェックリスト8（外構用）…………………………81

はじめに

　あなたがお住いのマンションも、普段通る所以外の部分はほとんどその存在を意識していないと思いますが、管理組合の役員としては、たとえ修繕担当理事でなくとも、機会をとらえてその全体を見ておくことをお奨めします。

　その理由は、マンションの現状を知っておけば何か不具合が生じたときに身近な印象を抱き易く、重大な故障を招く前に"専門家に相談すべきである"との判断根拠となり得るからです。

　病気の早期発見は自覚症状をそれと知ることです。したがって、管理組合の役員自身による日常点検の実施により自己診断を行うことは、建物の保全上非常に有効なことだと思います。

　そうは言っても具体的に何を用意し、どのように実施すれば良いのかについては五里霧中と思いますので、順を追って説明していきたいと思います。

第1章

日常点検の準備

それでは、まず第1章では、管理組合の役員の皆さんが日常点検を実施するにあたり、用意すべき資料と点検の方法や準備する道具等について説明いたします。

1 資料の用意

　建築物の資料として誰でもすぐに思い浮べるのが設計図ですが、一口に設計図と言っても色々な種類があります。

　日常点検でまず対象とするのは屋上や外壁等ですから、それらが描かれている図面を見付け出さなければなりません。

　この図面は「建築図」と呼ばれ、製本されている設計図集では最初のほうに綴じられています。図面番号では"A－○○"とか"D－○○"とか符合が付けられているのが普通です。

　話が横道にそれますが、そもそも設計図がマンションの現場に保管されていなかったり、あったとしても一枚一枚バラバラでぐちゃぐちゃに丸められている例が結構多くあります。

　設計図面類は様々な修繕の基礎資料となる非常に大切なものですから、何とかして手に入れる必要があります。万一設計図面がマンションにない場合は、たいてい管理会社か売主（分譲主）が持っていますから、交渉し管理組合が主体となって保管するようにするべきです。

また、どう探してもない場合は、現場を実測し新たに創り出す算段をしなくてはなりません。一方、一応保存されてあったとしても、前述のようにその状態が悪い場合には整備を要します。
　さらに、きちんと製本されている図面類も、ほとんどが青図（青写真）の状態であるため、日光にさらされると線がどんどん消えて行ってしまいます。従って、原本が完全なうちに多少の費用がかかってもコピー屋さんに持ち込み、「全頁トレペ第二原図」というコピーを１セット作り、調査や工事で図面が必要となった折りは、それから青図を焼き原本は大事に保管する事をお奨めします。
　建築図の中で建物の日常点検に必要なのは、各階を上から見た「平面図」と、各方向から建物の横を見た「立面図」と呼ばれる種類の図面で、それらは「一般図」と総称されています。
　建物調査の記録方法は、図面に状況を書き込む例が大部分ですから、これらの図面のコピーを持ち易い大きさに折り畳んだりカットしたりする準備も欠かせませんし、そもそも書き込み易い縮尺（1/100か1/200）になっているかどうかのチェックも必要です。
　なお、どうしても設計図が入手できない折りは、販売時のパンフレットに掲載されている図面を拡大コピーして使う事もやむを得ないと考えます。
　一方、今までのマンション各所の点検記録や法定検査報告書類の控え、あるいは既に成された色々な修繕工事の記録も建物調査の有力な資料となります。
　管理会社に管理業務を委託している場合、たいてい上記の点検や検査も委託業務の範囲内に含まれていますが、いずれにせよその内容をチェックし、既に指摘済みの不具合箇所があれば、その状況を再確認するポイントとして図面にマークするか、チェックリストのようなメモを作

っておくと便利です。

　塗装や防水の修繕工事も何年前に成されたかを知っておくと現状判断の手助けになります。

2 点検の方法

　日常点検は、目で対象物を見る「目視」調査が主体となりますが、手で触ったり叩いてその感触や音で状況を捉える事もあり、屋上防水層では足で踏んだ感覚で劣化の度合いを計る場合もあります。

　いずれにせよ、次章以降で詳しく説明する劣化現象が生じているか否か、生じている場合はどの程度かが調査のポイントになりますので、前述図面の他にそのためのチェックリストのようなものを作っておくと漏れや落ちがなく能率的です。

　そのチェックリストの書式については、当然の事ながら特に定めはありませんが、余り細か過ぎる物はかえって記入しずらいものですから、建物の各部分毎に劣化現象の種類と程度が記録出来るようなものを作れば充分です。（巻末に、第3章以降で説明する各部位毎のチェックリストのモデルを掲載しています。）

　また、この点検は一人で何もかも行うのではなく、複数の人間が様々な視点から対象物を調べたほうが、見落としや偏りがなくより正確に現状が捉えられるものと考えます。

　具体的には次項で述べる道具を携え、まず建物の上階から下へ降りるようなコースを定め、階段や共用外廊下もくまなく見回るようにします。そして地上まで降りたら今度は建物の四周を歩いて、立面の状況を観察します。

　その間目にした現象を、カメラにおさめたり図面やチェックリストに書き込むという作業を行うわけですが、役割を分担し、対象部分を区切って、互いに気が付いた点を確認し合って行うのが良いでしょう。

　筆者の経験から申し上げれば、図面の記入は3色ないしは4色のボールペンで色別に行うと、後で現象毎にまとめ易くなりますし、写真撮影も何処を撮ったか後から解るように、図面にナンバーを記入したり別に写真リストを作りメモしておくと便利です。

屋上の先端に手摺がない場合や、塔屋へのタラップが高い場合等、慣れない管理組合役員の方には危険が伴う作業ですから、無理は禁物です。他人に気を取られ、万一にも墜落する事のないよう、危ない所には強いていかなくとも構わない位の見切りも必要です。

　また、点検時期の設定も一工夫するとより効果が上がります。すなわち防水関係の点検は、降雨後1日経った位で実施すると、屋上や排水溝の水はけの悪い箇所や防水層の裏側に入り込んでいる水分の発見、バルコニーや共用廊下天井面の漏水などが発見し易くなります。

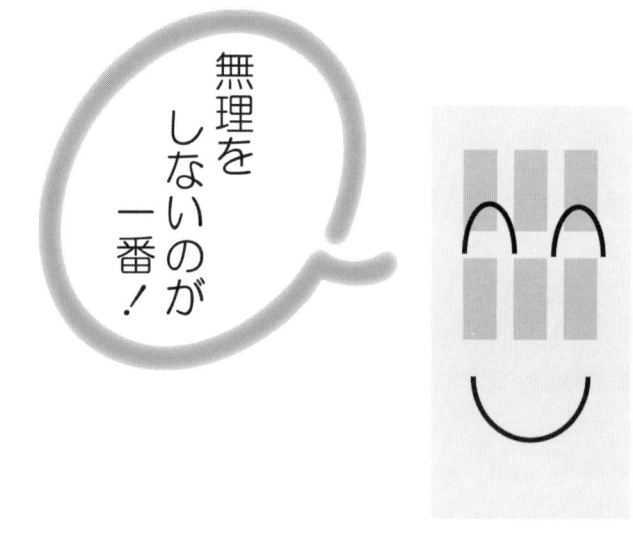

　付け加えて、後述する居住者アンケートで室内への漏水が関知された場合には、予め承諾を得て立ち入り調査もぜひ行いたい所です。

　さらに、数時間屋外で過ごすのですから、厳冬や酷暑の時期を外す配慮も欠かせません。

3 準備する道具

　通常、建物を調査するときに必要となる道具類は［**写真1**］のような物が考えられます。

　順に挙げると、①バインダー、②ボールペン、③カメラ、④軍手、⑤打検ハンマー類、⑥皮スキ、⑦鋼製巻き尺、⑧クラックスケール、⑨シグナスゲージ、⑩ペンライト（懐中電灯）、⑪双眼鏡となりますが、必ずしもこれらが全部なければ点検出来ないというわけではありませんので、とりあえず手に入る物を揃えて実施するといった方法で一向に構いません。

　各々の物についてのコメントは、Ｐ.9の**別表**のとおりです。

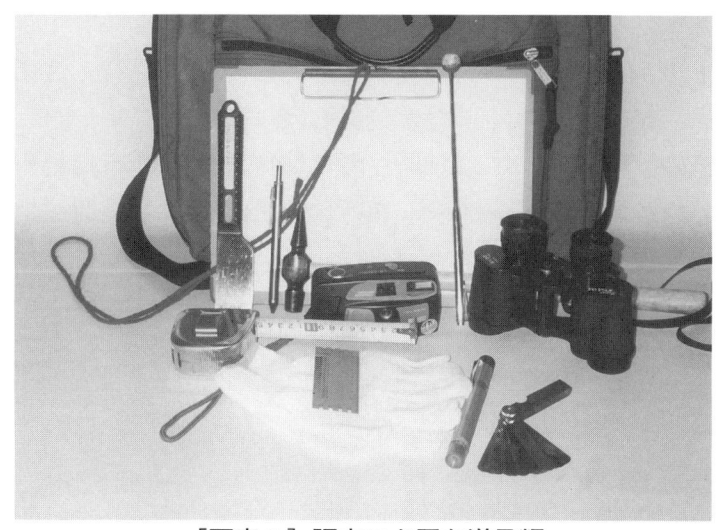

［写真１］調査に必要な道具類

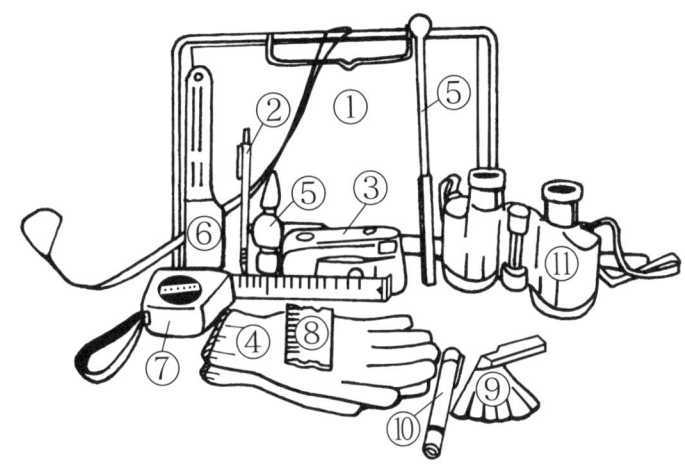

　そして、それらを一まとめにして持ち運べるショルダーバックがあれば、なお便利です。

4 まとめ

　せっかく準備して実施した点検も、やりっ放しではエネルギーの無駄です。

　専門家に相談したほうがよい障害が発生しているかどうかのまとめを行い、写真も整理してファイルしておくと記録として活きてきます。

順序が後先になりましたが、日常点検の意義は何よりもまずその継続性にありますから、1年1回の恒例行事として定例化し、毎年同じ所を定点観測的に見続けていく事をお奨めします。
　また、その実施に際しては、居住者に室内漏水等の不具合や共用部分で気付いている事等のアンケートを行い、その回答と関連づけてやるのが一層効果的であると考えます。

別　表

①バインダー	A4版ないしはB4版が使い易い。手や首から下げられるようにヒモを付けておくと便利。
②ボールペン	3〜4色の油性ボールペンが使い易い。（水性は汗や雨でにじむ。）
③カメラ	重い高級機より軽いコンパクトカメラが扱い易い。（但しズームや接写機能付の方が良い。）
④軍　手	思いのほか手が汚れるので用意しておくと重宝する。
⑤打検ハンマー類	コンクリートやタイルを叩いてその音から浮きを推定する。無ければ金鎚で間に合う。
⑥皮スキ	鉄爪のこと。壁面をしごいたり押して硬さを感じたりするのに使う。
⑦鋼製巻き尺	長さを測るのに欠かせない。
⑧クラックスケール	ひび割れの巾を測るのに使う。（無ければ名刺を代用する。厚手の名刺は厚さが0.3ミリ位なのでそれが入るひび割れは、巾0.3ミリ以上と考えられる。）
⑨シグナスゲージ	隙間ゲージ。隙間の間隔や物の厚みを測るのに使う。
⑩ペンライト（懐中電灯）	暗い所の必需品。（貫通孔は一方から光を当てるとすぐ解る。）
⑪双眼鏡	重い高倍率の物はかえって扱いにくい。

構造や劣化の基本的な説明

　建物を点検し、その劣化状況を診断する時に、建物の構造や施工方法の基本を理解しておけば大いに役立ちます。
　既にマンションを購入される際、色々と研究され豊富な知識をお持ちの方も多いとは思いますが、改めて復習の意味も込めて、第2章ではマンションの構造や施工方法と、劣化のメカニズム等について基本的な説明をしてみたいと思います。

1 マンションの構造

　中高層の分譲マンションは、大半が耐火構造という法的制約を受けるため、ほとんどが以下の4種類の構造のいずれかで成り立っています。あなたがお住いのマンションの構造がそのうちのどれであるか、管理規約の対象物件の表示欄や売買契約書、あるいは登記簿謄本等で一度確認してみて下さい。
　各々の構造がどんな工法で作られるのか、以下、順に説明を加えていきます。

① 鉄筋コンクリート造（略称ＲＣ造）
　鉄筋を現場で組み立て、その廻りに型枠を設置し、その中にコンク

リートを流し込んで作る構造。外力や自重を柱や梁で支えるラーメン構造と、耐力壁で支える壁式構造とに大別される。

② **鉄骨鉄筋コンクリート造（略称ＳＲＣ造）**
現場で鉄骨の柱梁を先に組み立て、その周囲に鉄筋を廻し、その外側に型枠を設置し最後にその中にコンクリートを流し込んで作る構造。一つの建物でも低層階がＳＲＣ、高層階がＲＣというような混構造もある。

③ **プレキャストコンクリート造（略称ＰＣ造）**
工場で予め作られた鉄筋コンクリートのパネルを、現場で組み立てて作る構造。従って大半が壁式構造となり、比較的低層な建物に用いられる。

④ **ＨＰＣ造**
都市基盤整備公団が開発した、柱を鉄骨と現場打ちコンクリートで作り、残りの梁や壁・床はプレキャストコンクリートを組み立てて作る構造。各ゼネコンで改良型を開発しＨＰＲ造と呼ばれるものもある。

また、建物の重量を支える基礎は、ほとんどが地下の固い地盤面まで杭を到達させ支える構造となっています。

いずれにせよ、マンションの主要な構造材料はコンクリートと鉄で、それ自体の品質と工事のされ方が、建物の耐久性を左右する大きな鍵となります。このような材料で作られた柱・梁・床・壁を総称して「躯体」と呼んでいますが、それのみではただ建っているだけで人が生活できるような住宅にはなりえません。様々な仕上や設備を施して初めてマンションとして完成するわけです。

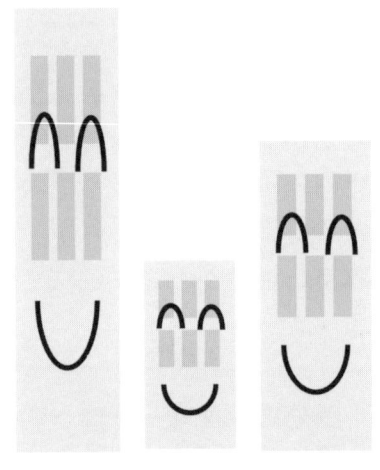

2 屋上や屋根の防水方法

　平坦な屋根を屋上と呼び、防水工事を施して内部に雨が漏らないようにします。方法は使用される材料から3種類に大別されますが、多くは**"アスファルト防水"**と呼ばれる工法が採用されています。これは、アスファルトとアスファルトルーフィングと呼ばれるシートを何層か張り重ね、一体の防水層とする工法です。

　そして防水層を保護するため、その上に薄くコンクリートを流したりコンクリートの平板ブロックを置いたりすることがあり、そのような場合には**"押さえ防水工法"**と呼びます。

　一方、ほとんど歩行しない屋上は、防水層の最上層に砂を密着させ耐久性を増した「砂付きルーフィング」といわれる材料を張って仕上げた例も多く、それらは**"露出防水工法"**と呼ばれています。

　他方傾斜した屋根は、化粧石綿スレート系の瓦か、アスファルトシングルと呼ばれる材料で葺かれている場合が大半です。

3 壁や軒裏の仕上方法

　壁や軒裏は、塗料や仕上塗材と呼ばれる材料を、ローラーやハケで塗り付けたりスプレーで吹付けたりして仕上げるほか、石やタイルを張り付ける部分もあります。

4 建具・鉄部等について

　窓やテラス戸の建具はほとんどアルミサッシで、近年竣工のマンションはバルコニーや共用外廊下の手摺もアルミ製が多くなってきています。

　一方、玄関ドアやパイプシャフト扉（メーターボックスドア）と屋外

避難階段等は鉄製が多く、油性調合ペイントと呼ばれる塗料で塗装されている例が大半を占めます。

5 劣化の基本的なメカニズム

(1) 軀体について

　前述のようにマンションの骨組みである軀体は、コンクリートと鉄から出来ています。コンクリートの成分は、セメント・砂・砂利と水で、砂や水に含まれる塩分や砂利の材質により、塩害やアルカリ骨材反応と呼ばれる障害を生ずることがありますが、年々材料の品質規制が厳しくなっており、発生の危険性は減りつつあると言えます。

　しかし、もし壁や柱の表面がぼろぼろになっていたり、細かなひび割れが沢山入っていたりして先の障害が懸念されたら、日常点検のレベルを超えて早速専門家に相談されることをお奨めします。

　一般的な鉄筋コンクリートの劣化は、中性化の進行とひび割れからの雨水や二酸化炭素の侵入による鉄筋の発錆が主なものです。

　鉄は強度が高く、比較的経済的なため、多用される建築材料ですが、錆びやすく熱に弱いのが難点です。それを補うため廻りをアルカリ性のコンクリートで覆うわけですが、一方コンクリートは引っ張り方向の力に弱く、ひび割れが生じ易いのが難です。

　コンクリートがどの位の厚みで鉄筋の廻りを覆っているかを「かぶり厚」と称し、法令では部分によって2～6cm以上と定められています。

　コンクリートのアルカリ性は、大気や風雨により表面から序々に失われ、中性化していきます。そして鉄筋にまで達し、錆びてぼろぼろになった時がその建物の構造的な寿命と考えられています。従って、コンクリートが表面からどの位の深さまで中性化しているかを測定することで、その建物のいわば構造的な「若さ」を判断しています。

　しかしながら先に述べたように、鉄筋コンクリート造は現場で鉄筋を組み立てコンクリートを流し込んで作るため、前述のかぶり厚が結果として充分でないところが出てきます。その部分はすぐに鉄筋が錆びて膨張し、廻りのコンクリートを破壊して［写真2］のように錆汁で壁を汚します。このような障害を鉄筋露出（曝裂ともいう）と呼

び、劣化現象の一つとして発生量を調べます。
　また、コンクリートそれ自体も、施工や環境の諸条件により開口部廻り等に［写真3］のようなひび割れが生じ易く、それが鉄筋露出・漏水・欠損といったさらなる障害を招く場合が多くあります。

［写真2］鉄筋露出

［写真3］ひび割れ

⑵ 防水層について

　屋上は日光や風雨にさらされ、軀体コンクリートの伸縮による引っ張り力等の影響も受け、化学的・物理的に過酷な状況に置かれています。露出防水層の劣化現象としては、まず［写真4］のような膨れやひび割れが起こり、その後、剥離や破断といった障害を生じ、漏水に至ります。

　屋根葺き材の場合も、年が経つにつれて割れや剥離・飛散といった不具合が生じてきます。

［写真4］膨れ・ひび割れ

［写真5］壁面汚染

(3) 壁面仕上について

　壁面に塗装された塗料や仕上塗材もその成分が紫外線により分解され、熱や風雨の影響も受けて劣化が進み、徐々に光沢が失せ付着力も弱まってきます。

　一方、ゴミやホコリの付着・カビや藻の繁殖による［**写真5**］のような壁面汚染が生ずる部分も出てきます。

　また、石やタイル張りの面も、軀体コンクリートの挙動による割れや、それらを張り付けるモルタルの肌分かれから生ずる浮きによる剥落等の障害が発生します。

(4) 建具や鉄部について

　アルミサッシの表面は、化学的に処理され腐蝕しにくくなっていますが、酸性雨や大気中の汚染物質の付着により点状に腐蝕し、ここからだんだん面全体へ拡がっていきます。

　鉄部の塗装も壁面塗装同様、日光や風雨の影響を受け割れや剥れが生じ、露出された鉄面はすぐに錆び、放置しておくと腐蝕し、ついには朽ちてしまいます。

6　まとめ

　車のボディーはすぐ汚れ、何年かするとキズが付きへこみも出来てきます。同じような自然環境の下に建物も置かれているわけですが、それ程目立たないためか徐々に傷んでいる事があまり意識されません。

　建物を構成する数多くの部材の中で、メンテナンスフリーな物はごく僅かですから、時に応じた手入れがぜひ必要となってきます。

調査の項目と診断の基準

　第3章では、まず劣化現象をどのような項目別にとらえたらよいのかをご説明し、併せて専門家に相談する契機となる、診断基準についても言及したいと考えます。

1 劣化現象……どのような現象に目をつけたらよいのか

　以下順に建築分野の対象部分と劣化現象を列挙していきます。各々の詳しい説明は次章以降チェックリストと共に行いたいと思います。

A．防水関係
　1．押え工法の屋上
　　(1)　立上り部分
　　　①パラペットの押出し
　　　②笠木天端のひび割れ・せり上り・欠損
　　　③立上り部分のひび割れ・欠損
　　(2)　平場部分
　　　①押えコンクリート層の水勾配不良・ひび割れ・欠損・凍害・風化
　　　②ルーフドレン廻りの土砂堆積・雑草繁茂・雨水滞留
　　　③伸縮目地のせり上り・欠損・雑草繁茂

(3)　立上り・平場共通
　　　　①室内への漏水
　2．露出工法の屋上
　　(1)　立上り部分
　　　　①パラペットの押出し
　　　　②笠木天端のひび割れ・せり上り・欠損
　　　　③立上り部分の膨れ・たるみ・破れ
　　　　④押え金具の脱落・端部納まりシールの劣化
　　(2)　平場部分
　　　　①露出防水層の水勾配不良・膨れ・めくれ・破断
　　　　②ルーフドレイン廻りの土砂堆積・雑草繁茂・雨水滞留
　　(3)　立上り・平場共通
　　　　①室内への漏水
　3．屋根
　　　　①屋根葺材料の破損・ずれ・飛散
　　　　②室内への漏水
　4．バルコニー・廊下・階段
　　　　①床面のひび割れ・浮き・欠損・剥離
　　　　②床面・排水溝の水勾配不良
　　　　③天井面の漏水
　5．シーリング
　　　　①ひび割れ・硬化・破断
　　　　②シーリング目地よりの漏水

B．軀体関係
　1．外壁一般立面
　　　　①ひび割れ　　②鉄筋露出
　　　　③欠損　　　　④漏水・エフロレッセンス
　2．外壁見付鼻先面
　　　　①ひび割れ　　②鉄筋露出
　　　　③欠損　　　　④漏水・エフロレッセンス
　3．外壁天井面
　　　　①ひび割れ　　②鉄筋露出

③欠損　　　　　④漏水・エフロレッセンス
4．廊下階段内壁立面
①ひび割れ　　　②鉄筋露出
③欠損　　　　　④漏水・エフロレッセンス
5．廊下階段内壁天井面
①ひび割れ　　　②鉄筋露出
③欠損　　　　　④漏水・エフロレッセンス

C．タイル・モルタル仕上関係
1．外壁一般立面
①ひび割れ　②エフロレッセンス　③浮き　④欠落
2．外壁見付鼻先面
①ひび割れ　②エフロレッセンス　③浮き　④欠落
3．廊下階段内壁立面
①ひび割れ　②エフロレッセンス　③浮き　④欠落
4．廊下階段床面
①ひび割れ　②エフロレッセンス　③浮き　④欠落

D．塗装関係
1．壁面・天井面塗装
(1)　外壁一般立面
①チョーキング・光沢消失　　②汚れ・変褪色
③塗膜のひび割れ・摩耗　　　④塗膜剥離
(2)　外壁見付鼻先面
①チョーキング・光沢消失　　②汚れ・変褪色
③塗膜のひび割れ・摩耗　　　④塗膜剥離
(3)　外壁天井面
①チョーキング・光沢消失　　②汚れ・変褪色
③塗膜のひび割れ・摩耗　　　④塗膜剥離
(4)　廊下階段内壁立面
①チョーキング・光沢消失　　②汚れ・変褪色
③塗膜のひび割れ・摩耗　　　④塗膜剥離
(5)　廊下階段内壁天井面

　　　　①チョーキング・光沢消失　　　②汚れ・変褪色
　　　　③塗膜のひび割れ・摩耗　　　　④塗膜剥離
　２．鉄部等塗装
　　(1) 手摺・鉄骨階段・水槽架台等
　　　　①チョーキング・光沢消失　　　②汚れ・変褪色
　　　　③塗膜のひび割れ・剥離　　　　④発錆・腐蝕
　　(2) 玄関扉その他鋼製建具類
　　　　①チョーキング・光沢消失　　　②汚れ・変褪色
　　　　③塗膜のひび割れ・剥離　　　　④発錆・腐蝕
　　(3) その他の鉄部等
　　　　①チョーキング・光沢消失　　　②汚れ・変褪色
　　　　③塗膜のひび割れ・剥離　　　　④発錆・腐蝕

E．その他
　１．金物類
　　(1) 集合郵便受箱
　　　　①汚れ　　　②ひずみ・がたつき　　　③破損
　　(2) 掲示板
　　　　①汚れ　　　②ひずみ・がたつき　　　③破損
　　(3) 換気ガラリ
　　　　①汚れ・錆　　②へこみ・割れ　　③脱落
　　(4) 雨樋支持金具
　　　　①錆　　②破損
　　(5) エキスパンションカバー
　　　　①汚れ・錆　　②ひずみ・がたつき
　　　　③破損・腐蝕
　２．共用部分鋼製建具類
　　　　①ひずみ・へこみ　　　②がたつき・作動不良
　　　　③破損・腐蝕
　３．共用部分内装・エレベーターかご
　　(1) 床仕上げ
　　　　①汚れ　　②めくれ・はがれ　　③割れ・欠け
　　(2) 壁仕上げ
　　　　①汚れ　　②めくれ・はがれ　　③割れ・欠け

(3) 天井仕上げ
　①汚れ　　②めくれ・はがれ　　③割れ・欠け
　※エフロレッセンス、チョーキングについては、P.25の［用語の解説］参照

2 診断の基準

　劣化状況から修繕工事の要否を判断するには、何らかの診断基準に拠る訳ですが、残念ながら、色々な土地に立つ様々な建物のどんな部分にでも使える、いわば万国共通の物差しというようなものはありません。各々の機関や団体で、独自に基準を作り、それにより判定しているのが実情です。

　そうは言っても、何か客観的な数値で判断できるはずだ、という意見をお持ちの方も沢山いらっしゃるのではと思います。

　例えば、外壁塗替などの場合、確かに精密な調査を行えば塗膜の付着強度や光沢度の低下などの数値は得られます。

　しかし、肝心の修繕をするかしないかのボーダーラインをどこに引くかは、それでも相変わらず見えてきません。経験則上の平均寿命やら、現状の汚れ具合といったその他の要素をにらみつつ、いわば総合的に判断せざるを得ない訳です。

　加えて診断を難しくしているのが、「量」と「程度」の2要素が絡む点です。

　一例を挙げると、「程度」としてはそれほど深刻でない障害が、「量」としては多数発生している場合どう捉えるかという問題です。

　この件についても前述の事情から、明確な基準はありませんが、「量」は修繕の範囲に置き換え得ると考え、「程度」に重きを置く見解を採っています。

　つまり1ヶ所でも重大な障害が生じたら、他が大丈夫でもとりあえずその所だけ直そうという意見を持っているということです。

　さて本書では、いわばアマチュアである管理組合の役員の方々が、まず自分たちで診断をするという前提にたっています。

したがって、精緻な診断基準ではかえって使いづらいと考え、筆者の独断ながら次章以降掲載する各所の具体的なチェックリスト中の判定（診断基準）は、思い切って下表のような３段階の判定にまとめることにしました。

　また、先に述べた調査部分毎に、当然診断結果の差が出ることが予想されますが、１項目でもＣ判定が下されたら、とりあえずプロに相談し、他の部分についても助言を求める方が無難であると考えます。

	判　定　基　準
Ａ　判　定	ほとんど劣化現象が見られず、当分の間修繕の必要はないと思われる。 →【まだ専門家に相談する段階には至っていない】
Ｂ　判　定	劣化現象が散見されるため、そろそろ修繕の計画をする時期と見られる。 →【そろそろ専門家に相談する時期である】
Ｃ　判　定	劣化現象が顕著で、早急に修繕の実施が必要である。 →【すぐ専門家に相談する段階である】

3　まとめ

　建物が竣工して自然環境下に存在し、諸設備が使用されていく限り、段々と劣化が進むのは避けられない宿命です。様々な劣化障害の原因を探り、その対応策（修繕仕様）を考えるのは、アマチュアである管理組合の方々には荷が重いと思われますが、そろそろプロの診断を受けようという動機づけとして、まず自分達で自らのマンションを見、痛み具合の感想を得ることは決して無駄ではありません。

　以前に比べ、この頃こんな所の不具合が気になるといったいわば素朴な意見も、きちんと集計整理すれば立派に使える基礎資料となります。

> 用 語 の 解 説

エフロレッセンス
　コンクリート・モルタル・セメント中の石灰分が、内部に侵入した雨水等によって溶け出し、大気中の二酸化炭素と反応して白色の炭酸カルシウムとなって表面に付着する現象。
　「白華」ともいう。

チョーキング
　塗料・仕上塗材・シーリング材の表層が、紫外線等により劣化分解しチョーク状の白い粉末になる現象。
　「白亜化」ともいう。

第4章 防水関係の調査診断(1)

　前章までの説明をふまえ、いよいよここからは各部の具体的な劣化状況や、それをチェックする点検方法などについてお話ししていきたいと思います。
　第4章では、まず屋上防水関係について述べます。

1 基本的な構造

　今までの復習となりますが、屋上防水は（figure 1）のような露出工法と（figure 3）のような押さえ工法に大別されます。また建物によっては（figure 2）のように平場（ヒラバと読む）は押さえ工法、立上り部分は露出工法というような場合もあります。（[写真6] 参照)
　また、防水層を形成する材料により、アスファルト防水・シート防水・塗膜防水の3つに分類される場合もあり、更に、断熱材が屋根のコンクリートの内側にあるか外側にあるかで、内断熱・外断熱といった区分けもあります。

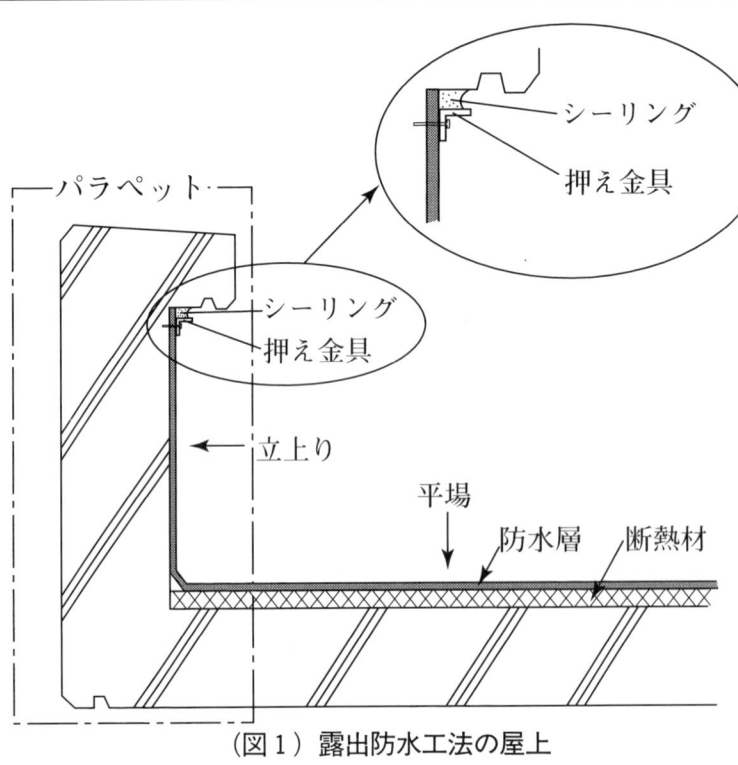

(図1) 露出防水工法の屋上

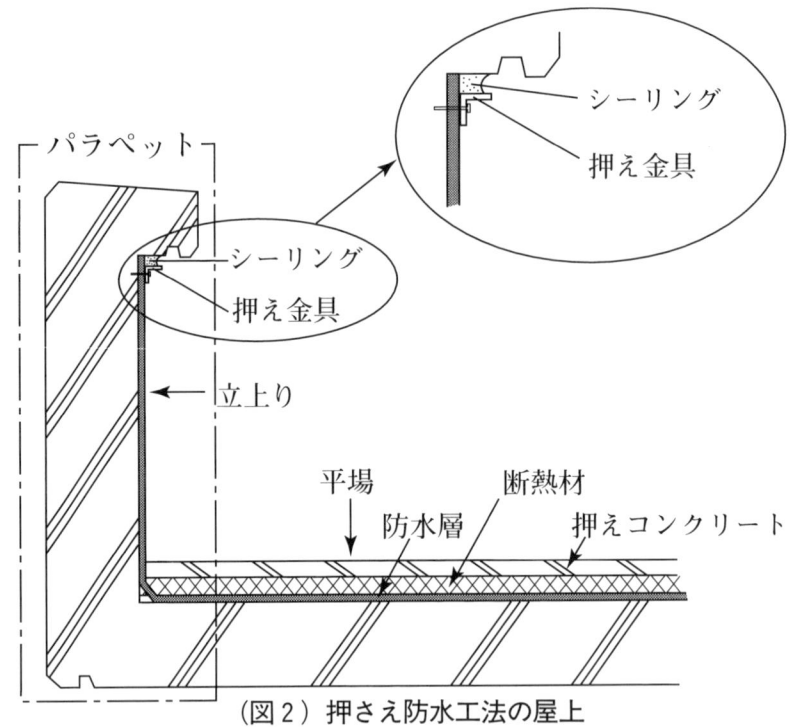

(図2) 押さえ防水工法の屋上

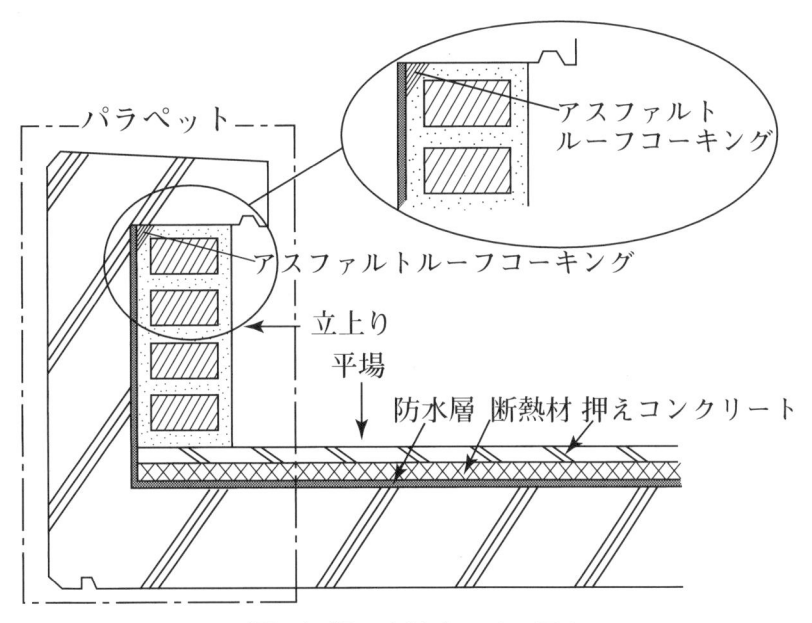

（図3）押さえ防水工法の屋上

［写真6］平場は押さえ工法、立上り部分は露出工法

2 点検方法

　屋上防水用のチェックリストを「**日常点検チェックリスト1（屋上防水用）**」(巻末P.72)として作ってみましたので参考にしてください。
　このようなチェックリストと図面の写しを持って屋上に昇り、共通事項としてチェックリストの3及び4項を調べ、図面にその位置や大まか

な範囲を記入します。次いで、押さえ工法の場合はチェックリストの5から8項、露出工法の場合は9から12項を調べ同様に図面にも書き込みます。

その後、外壁の点検と合わせ2項を調べ、最後に集会室などで1項の有無を確かめ、分かる範囲で特記事項にも記入します。

3 劣化事例

［**写真7**］は（図2）のような構造の屋上ですが、ご覧のように立上り部分の露出防水層がたるみ、部分的にはがれています。また、ルーフドレイン（排水金具）廻りに土砂が堆積し、そこから雑草が生えています。各々チェックリストの9及び4項に該当し、その量の多少でBないしCと判定します。

［**写真8**］も構造は同様に（図2）ですが、押さえコンクリート層の伸縮目地端部のせり上りが目に付き、チェックリスト8項のBないしC判定となります。

［写真7］立上り部分の露出防水層の剝れ・
ルーフドレイン廻りの雑草繁茂

[写真8] 押さえコンクリート層の伸縮目的端部のせり上り

4 診断及び判定

　今回モデルとして示したチェックリストに於ては、本来あって然るべき各項の重要度の差をあえて付けてありません。
　従って、A・B・C評価の平均を採るとすれば、対象建物の実情を総合的に評価するよりも劣化具合が軽く出る傾向があります。
　日常点検の趣旨はあくまで"予防保全的な意味合いにある"とする原点に立ち、切り上げ方式、つまり大部分がA判定でも少しB、C判定が有ればB判定、同様に大部分がA、B判定でも1、2項目C判定があればあえてC判定とし、専門家に劣化調査を依頼する方向で検討されることをお奨めします。

第5章 防水関係の調査診断(2)

前章では平らな屋上について述べましたので、この章ではそれ以外の防水に関する部分、すなわち屋根やバルコニー及び共用外廊下、各所のシーリングなどについて同様のチェックリストを示して説明していきたいと思います。

1 点検方法

「**日常点検チェックリスト2（その他防水用）**」(巻末P.73) のようなチェックリストと平面図を持ち、各所を巡回して該当する劣化障害の有無を目視で調べます。その際、特長的な箇所は写真を撮っておくと、後日まとめる折りに便利です。

また、少し本格的に調べ記録としての価値を高めたい場合は、「**日常点検チェックリストA（バルコニー用）**」及び「**日常点検チェックリストB（共用廊下用）**」(巻末P.76、77) のような、防水とそれ以外の躯体や塗装などの状況が各々数量としても把握可能なチェックリストを用意して行えば万全です。（チェックリストA及びBの○△×は各々今までのチェックリスト中のABC三段階判定と同様と考えて下さい。）

以下、順に部分ごとのポイントを解説していきます。

2 屋 根

近年ＲＣやＰＣ造の建物であっても、屋根を設け石綿セメント系の平板瓦（カラーベストコロニアルと呼ばれている）や、アスファルトシングルと呼ばれる材料で葺く例が多くなってきました。

傾斜しているので、実際に上り点検するのは危険ですから、外回りから双眼鏡で観察するのと併せて、最上階の居住者に室内漏水の有無をアンケートで調べれば、とりあえず簡易診断の目的は達することができると判断します。

3 バルコニー

新築時のバルコニー床面は、大半がコンクリート金ごて押えという仕上で、良くても防水モルタル塗り程度です。従って、何年か経過すると床上端から雨水が階下天井面へ漏れ、エフロレッセンス・塗膜剥離といった障害を起こす場合があります。（[**写真9**] 参照)

バルコニーの点検はあらかじめ居住者アンケートを実施し、何か不具合の生じている住戸へ立ち入りを要請し、週末など都合の良い折りに行うのが効率的です。

その際、防水関係としては天井の漏水(跡)・排水溝や床の水はけ・サ

[写真9] バルコニー階下天井面の漏水及び塗膜剥離

ッシ廻りシーリングの状態等がチェックポイントですが、併せて次章以降で述べる壁面や手摺付根の状況、サッシの開閉具合等も一緒に調べれば、一度の立ち入りで色々なことが分かります。

4 共用廊下

　外廊下タイプの場合、環境条件や仕上げはバルコニーとほぼ同じですが、こちらは住戸内立ち入りをせずに点検できるのでじっくり隅々まで見回りたい所です。天井を見る人と床を見る人を分ければ、さらに見落としも少なくなります。

　また、コンクリート製の屋外階段がある場合は、共用外廊下の延長と考えてチェックすれば良いと思います。

5 シーリング

　建具廻りや壁面の目地等の隙間に、水密や気密の目的で充填する弾力性のあるゴム状の合成樹脂をシーリング材と呼びます。この部分の点検項目は、指で押して弾力性が残っているかどうか、ひび割れの発生状況や破断・脱落箇所の有無等です。

　シーリング材の平均的な寿命は10年程度とされていますが、壁面仕上材で被覆されていないと[**写真10**]のように早くひび割れが生じ、止水

[写真10] シーリング材のひび割れ

機能が失われてしまいます。

　なお、建物によっては共用廊下が中廊下タイプの物や、階段が内階段タイプの物などがあります。それらの点検は次章以降、躯体や塗装の所で説明していきたいと思います。

第6章 躯体やタイルの調査診断

　この章では、内外の壁面や天井面の躯体（材質としてはコンクリートやモルタル）と、壁や床の仕上げ材として使われているタイルの日常点検についてお話します。

1 点検項目

　チェックする項目は第3章の復習となりますが、次のようなものです。
(1) 壁面や天井面の躯体関係
　　①ひび割れ　　②鉄筋露出　　③欠損
　　④漏水・エフロレッセンス　　⑤浮き
(2) 壁や床のタイル関係
　　①ひび割れ　　②エフロレッセンス　　③浮き　　④欠落

2 点検方法

　事前の準備として設計図面のコピーを切り貼りし、各方向の立面や各階の調査図を作る必要があります。
　そして、各階の共用廊下や地上から目視や双眼鏡で、前記の障害発生の場所をチェックし、図面にマークするのが一般的な点検のやり方で

す。

　その際、障害事例を記号化しておく方が手間がかからず、後でまとめる時にも解り易く便利です。

　本書ではそれを［**凡例**］のようなパターンにしていますので、参考にしてください。

　実際には壁面との距離が様々なので、近い所では塗装表面の細かなひび割れまで目に付きますが、それらは往々にして塗膜だけの場合が多いので、余り神経質にならずに少し離れた所（１ｍ以上）からでも分かるようなひび割れをチェックすれば、日常点検としては充分と考えます。

　さらに、外回りの天井面の漏水やエフロレッセンスも、前章の防水関係のチェックと重複する箇所が多いため、どちらかで集計すれば足ります。

　また、モルタルやタイルの浮きを調べるのには「打検」が有効で、皮スキや打検用ハンマー（無ければ金槌で代用）で壁や床を軽く叩いてその反響音で判断します。キンキンと高く硬い音ならば浮きは生じておらず、コンコンあるいはポコポコという感じの音が返ってきたら、まず浮いているとみて間違いありません。そのような外壁の点検によって得られた調査図の例が（**図４**）です。

　なお、前章までのようなチェックリストを作り併用すれば、より一層現状が把握でき、後で診断するのにも役立ちます。

　ここでは「**日常点検チェックリスト３（軀体・タイル用）**」として、そのモデルを作ってみましたのでご参照下さい。（巻末Ｐ.74）

　チェックリストで点検する折りには、各面や各階毎のように部分を分けて行い、最終的に集計するといったやり方も一工夫してみるといいと考えます。

　最後に、壁面の目視はなるべく水平な視線で行うのが望ましいのですが、周辺に空き地が無く立て込んだマンションでは、すぐ近くから見上げる形で行わざるをえず、軒裏しか見えない場合もままあります。

　そのような際には、周辺の建物の屋上や外階段に一時立入を願い、そこから観察するとよく見える例が多くあります。

[凡 例]

凡　　　例　（立面図）	
項　　目	記　　　　号
ひ　び　割　れ	〰〰〰〰〰　数字はmを表す（巾0.3ミリ以上）　↰揚裏
	〰〰〰〰〰　（巾0.3ミリ未満　遠方より視認可）　↰揚裏
欠　　　　　損	◇（モルタル仕上げ部分は除く）　　　　↰揚裏　◆
鉄　筋　露　出	×　１００×１００×１０程度　　　　　↰揚裏
鉄　筋　露　出	△　２００×１００×１０程度　　　　　↰揚裏
鉄　筋　露　出	○　３００×１００×１０程度　　　　　↰揚裏
漏　　　　　水	☆　　　　　　　　　　　　　　　　　↰揚裏　★
エフロレッセンス	⬡　　　　　　　　　　　　　　　　　↰揚裏　⬢
壁タイル剥落	Ⓣ　　　　　　　　　　　　　　　　　↰揚裏
ベランダ手摺欠損	Ⓑ　　　　　　　　　　　　　　　　　↰揚裏
塗　膜　剝　離	Ⓗ　　　　　　　　　　　　　　　　　↰揚裏

凡　　　例　（平面図）				
項　　目		記　　　　号		
ひび割れ	巾0.3ミリ以上	〰〰〰 床面	▭〰▭ 天井面	← 〰〰〰 壁面
	巾0.3ミリ未満	〰〰〰 床面	▭〰▭ 天井面	← 〰〰〰 壁面
欠　　　　　損		◇ 床面	◆ 天井面	← ◇ 壁面
鉄　筋　露　出	100ミリ	× 床面	⊠ 天井面	← × 壁面
鉄　筋　露　出	200ミリ	△ 床面	▲ 天井面	← △ 壁面
鉄　筋　露　出	300ミリ	○ 床面	● 天井面	← ○ 壁面
漏　　　　　水		☆ 床面	★ 天井面	← ☆ 壁面
エフロレッセンス		⬡ 床面	⬢ 天井面	← ⬡ 壁面
塗　膜　剝　離		H 床面	Ⓗ 天井面	← Ⓗ 壁面

(図4) 外壁劣化調査図

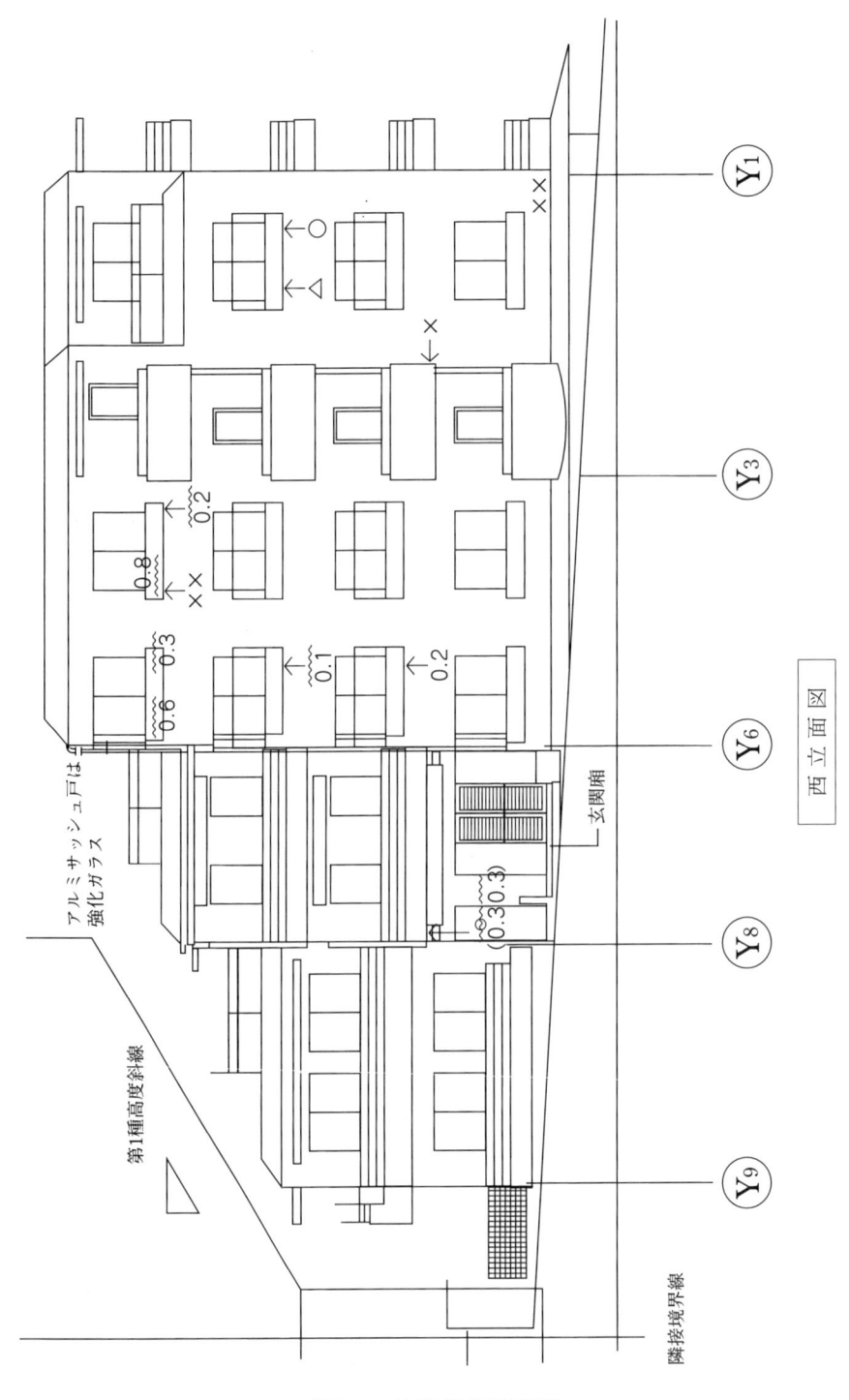

西立面図

※調査結果の障害事例記号は、P.39の凡例参照。

アルミサッシュ戸は強化ガラス
第1種高度斜線
玄関廂
隣接境界線

第7章 壁面塗装の調査診断

　前章でお話ししたタイル貼りの部分を除き、マンションの壁や天井面はコンクリート打ち放しという例外はあるものの、大半は様々な仕上塗装が成されています。
　その塗膜は日夜風雨にさらされ、紫外線を浴びる過酷な環境に置かれており、概ね10年前後で塗替時期を迎えると言われています。
　この章では、そんな壁や天井の塗装仕上げの点検や診断の方法についてご説明します。

1 点検項目

　第3章の復習となりますが、塗膜の劣化現象を、以下の4項目に整理して観察するとまとめ易いと考えます。
　2）～4）の事象は、例として写真を載せましたので参考にしてください。
　1）チョーキング・光沢消失
　2）汚れ・変褪色……………[**写真11**] 参照
　3）塗膜のひび割れ・摩耗…[**写真12**] 参照
　4）塗膜剥離………………[**写真13**] 参照

［写真11］汚れ・変褪色

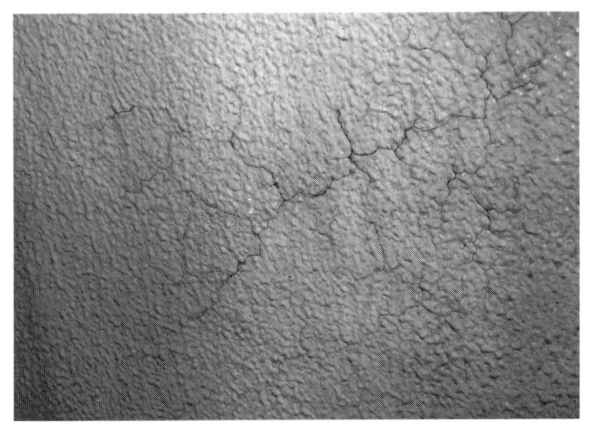

［写真12］塗膜のひび割れ摩耗

［写真13］塗膜剥離

2 点検部位

いわゆる外壁面や天井面の他にも、バルコニーや共用廊下の手摺壁や各所の庇が鉄筋コンクリート製で塗装されていれば、当然それらについても点検したいところですし、共用廊下が中廊下タイプの物や内階段のある建物では、それらの壁や天井にも目を配る必要があります。

3 点検方法

前章と同様に、調査図（立面図及び平面図）とチェックリストを用意して、建物を上から下へ見て廻り、その後外廻りを一周して各々の現象が顕れているかどうか目視や双眼鏡で調べます。

もちろん、今までにご説明してきた防水や躯体のチェックと、同時期に実施して一向に構いませんし、1つの立面図に塗装と躯体関係を両方記録しても差し支えありません。

ただ、一人で何もかも調べ記録するのは大変ですから、人数が数名いれば写真撮影・図面記録・チェックリスト記入等のように役割を分担すると楽です。

なお、外壁の目視は逆光時には見づらくなりますので、北や東面は午前中に、南や西面は午後の方がやり易くなります。

4 チェックリストの説明と調査図の例

「日常点検チェックリスト4（壁面塗装用）」を作ってみました。（巻末P.75）

建物が大きかったり複数棟ある場合は各々の面や棟毎にチェックし、それから全体をまとめる等の工夫が必要となります。

「総合判定」はなかなか難しいところでしょうが、時が経つにつれ劣化は進みますので、AとB判定が同じ位の数ならばB判定、BとCが同じ位の割合ならば思い切ってC判定とみておくことをお奨めします。

P.40では立面図の例を挙げましたので、ここでは平面図の例を（図5）として載せます。

ただし、両図とも実際に現場調査で記録したものはもっとゴチャゴチャに書き込まれていますので、それらを清書したものです。

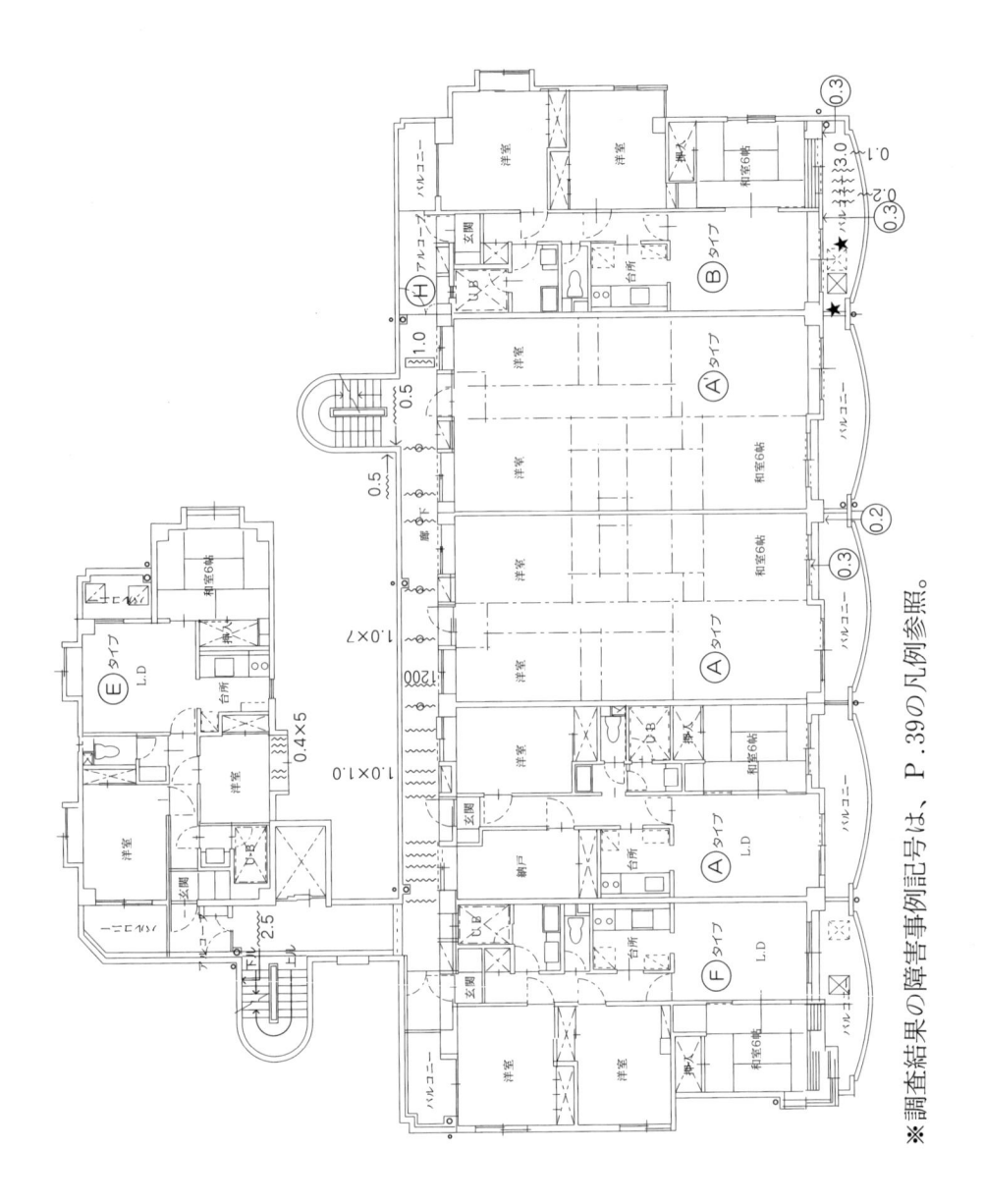

(図5) 劣化調査団　バルコニー・階段・廊下（平面図）

※調査結果の障害事例記号は、P.39の凡例参照。

第8章 鉄部塗装等の調査診断

　この章で取り上げるのは、いわゆるペンキが塗られている手摺や扉・屋外階段といった部分の塗装についてですが、バルコニーの隣戸との隔板や塩ビパイプ製の竪樋等、鉄部ではないがコンクリートやモルタル製でもない、といった部分の塗装も含んで考えてみようと思います。

1 点検項目

前章と同様、塗膜の劣化現象を以下の4項目にまとめてみました。
1）と3）の事象は、参考例として写真を載せますのでご覧ください。
　　1）チョーキング・光沢消失……[**写真14**] 参照
　　2）汚れ・変褪色
　　3）塗膜のひび割れ・剥離………[**写真15**] 参照
　　4）発錆・腐蝕

2 点検部位

　鉄部等の塗装は、壁面のそれに比べかなり多くの部位があり、バラエティーに富んでいます。それらを大別するとおよそ以下のようになります。

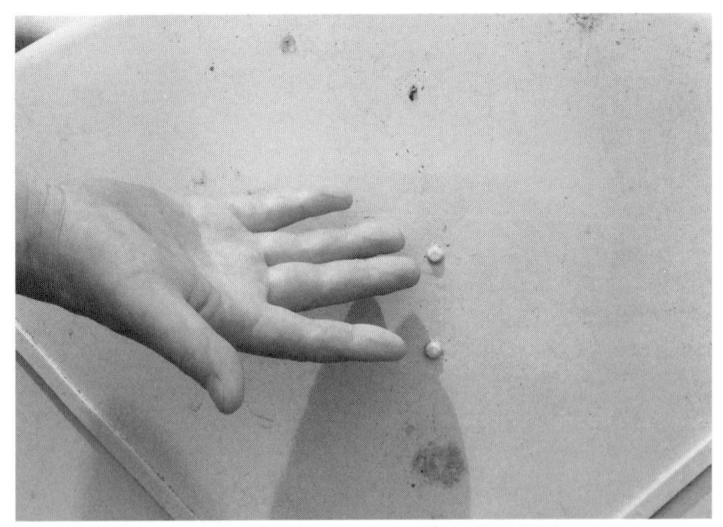

［写真14］チョーキング・光沢消失

［写真15］塗膜のひび割れ・剥離

1）屋上関係
　　高置水槽架台及び配管類・タラップやマンホール蓋・ＴＶアンテナ架台や避雷針支持管・吊環やドレイン類等
2）屋外・屋内鉄骨階段関係
3）手摺関係
　　屋上・階段・共用外廊下・バルコニー・窓等の手摺
4）鋼製建具関係
　　玄関扉・パイプシャフト扉・その他ポンプ室や電気室等の共用部

分のドア
5）バルコニー関係
　　物干し金具・隔板及び枠・中継（フロアー）ドレイン
6）建築その他関係
　　竪樋及び支持金具
7）設備関係
　　各種設備盤類・消火栓ボックス・共用照明器具

　以上の中には、時にアルミやステンレス製の物があったり、亜鉛メッキ処理されていてそれがそのまま仕上げになっている事例もありますが、そのような場合には当然点検対象から外します。
　一般的なマンションを想定して、どんな部分があるのかをチェックリストに列挙しましたので、参考にしてください。

3 点検方法

　第4～7章でご説明した各種の点検と同時期に実施すれば効率的ですが、通常鉄部塗装の塗替周期は壁面の半分位の4～5年と言われていますので、鉄部のみ、こまめに点検しても構いません。
　また、壁面と異なり殆どが接近できる部分なので、出来るだけ近寄ってなるべく触ってみるのが効果的です。
　その際、チョーキングの調査は黒っぽい紙でこすってみれば、よりはっきりと分かりますし、見えづらい所の目視には、奥様方のコンパクトのような手鏡を用いれば良く観察できます。
　更に、塗膜剥離箇所が多く、健全部の付着力も心配な折りには、セロテープを引っ張りしろを残して接着し、一気に引き剥すという簡易な付着力試験を行ってみる等の工夫もあります。

4 チェックリストの説明

　以上の事項を反映して、「**日常点検チェックリスト5（鉄部等塗装用）**」を作ってみましたのでご参照下さい。(巻末P.78) 縦軸の点検部位はマンション毎に様々異なりますので、お住まいの建物に合うよう見直しが必要です。また、横軸の劣化度判定は複数の人によって行うことに

より、偏りが少なくなると考えます。

> 用 語 の 解 説

※点検対象部位で普段余り耳にしない言葉が出てきたのではと思い、どのような部分なのかを示す参考写真を数枚載せましたので、ご覧ください。

　[**写真16**]の左側に写っている金属の輪を、屋上の**吊環**（チェックリスト5のNo.6）と呼びます（ただし、この写真の吊環はステンレス製なので鉄部等塗装の対象外）。

　また、右側のパイプが**通気管トップ**（チェックリスト5のNo.3）ですが、[**写真17**]のような横形のものもあります。

　排水金具を総称して**ドレイン**と呼び、[**写真18**]のように竪樋の一番先端で屋上に設けられているものが**ルーフドレイン**（チェックリスト5のNo.21）です。

　構造上建物を区切っている箇所（少し離している箇所）を**エキスパンションジョイント**と呼び、通行の為あるいは物が入らないように金属性のカバーを付けます。[**写真19**]は共用外廊下のそれ（チェックリスト5のNo.28）を下から撮ったものです。

[写真16] 吊環、通気管トップ

[写真17] 通気管トップ

[写真18] ルーフドレイン

[写真19] エキスパンションジョイント

第9章 金物・建具・内装等の調査診断

　建築分野の大規模修繕工事というと、とかく塗装や防水工事ばかりを思い浮かべがちですが、修繕（点検）の対象となる部分はまだ他にもあります。この章では、建築分野の説明の最後として、そのようなものを金物・建具・内装といった3つのグループにまとめてふれてみたいと思います。

1 点検対象部分と劣化現象（点検項目）

　第3章の復習となりますが、点検の対象となる部分（部位）と主な劣化現象はおよそ次のようなものです。

(1) 建築金物類

集合郵便受箱	①汚れ	②ひずみ・がたつき	③破損
掲示板・案内板類	①汚れ	②ひずみ・がたつき	③破損
階数表示・室名札等サイン類	①汚れ	②ひずみ・がたつき	③破損
階段ノンスリップ金具	①浮き・がたつき	②脱落	
換気ガラリ	①汚れ・錆	②へこみ・割れ	③脱落

雨樋支持金具	①錆　　　　②破損
エキスパンション ジョイントカバー	①汚れ・錆　　②ひずみ・がたつき　　　③破損・腐蝕
鋼製又は 　　アルミ手摺	①汚れ　　　　②ひずみ・がたつき　　　③破損・腐蝕

(2) 共用部分鋼製建具類

各戸玄関扉	①ひずみ・へこみ　②がたつき・作動不良　③破損・腐蝕
パイプスペース 及びメーターボ ックス扉	①ひずみ・へこみ　②がたつき・作動不良　③破損・腐蝕
階段室防火戸	①ひずみ・へこみ　②がたつき・作動不良　③破損・腐蝕
その他共用部分 鉄扉等	①ひずみ・へこみ　②がたつき・作動不良　③破損・腐蝕
アルミサッシ	①ひずみ・へこみ　②がたつき・作動不良　③破損・腐蝕

(3) 共用部分内装

・エントランスホール

床仕上げ	①汚れ	②めくれ・はがれ	③割れ・欠け
壁仕上げ	①汚れ	②めくれ・はがれ	③割れ・欠け
天井仕上げ	①汚れ	②めくれ・はがれ	③割れ・欠け

・エレベーターホール

床仕上げ	①汚れ	②めくれ・はがれ	③割れ・欠け
壁仕上げ	①汚れ	②めくれ・はがれ	③割れ・欠け
天井仕上げ	①汚れ	②めくれ・はがれ	③割れ・欠け

・エレベーターかご

床仕上げ	①汚れ	②めくれ・はがれ	③割れ・欠け
壁仕上げ	①汚れ	②めくれ・はがれ	③割れ・欠け
天井仕上げ	①汚れ	②めくれ・はがれ	③割れ・欠け

・管理事務所・集会室

床仕上げ	①汚れ	②めくれ・はがれ	③割れ・欠け
壁仕上げ	①汚れ	②めくれ・はがれ	③割れ・欠け
天井仕上げ	①汚れ	②めくれ・はがれ	③割れ・欠け

2 点検方法とチェックリストの説明

　今までの点検と同様に、対象部分を目視で観察し、建具や金物のうち作動部分のあるものは動かして、上記の劣化現象の有無や程度を判定します。

　なお、日常点検というテーマからは少し離れますが、ここで取り上げた金物類や建具類を、もし大規模修繕工事で直す場合は、鉄製で周期的に塗替が必要となるようなものでなく、出来るだけメンテナンスが要らないようなステンレス製や樹脂製の製品に取り替えることをお奨めします。

　また、共用部分の内装にしても、多少値段が高くても汚れにくいもの、掃除のしやすいものを選ぶ方が、後々の維持管理が楽になります。

　以上の内容をまとめ「**日常点検チェックリスト６（金物・建具・内装用）**」を作ってみました。(巻末P.79)今までのものと同じく劣化の程度をＡ・Ｂ・Ｃの３段階に大別し、それらをグループ毎にまとめ全体的な評価を下すようになっています。

　なお、点検部位は前章の「チェックリスト５」と同様、マンションの形態により様々に異なりますので、それぞれに合うように変えてお使いください。また、材質による塗装の有無などにより点検項目が変わる場合もあります。

　さらに、第５章で使用した「**日常点検チェックリストＡ（バルコニー用）**」の５項や、「**同チェックリストＢ（共用廊下用）**」の５項等、今回のリストと重複している箇所がありますが、点検はどちらか一方で行えば充分と考えます。

※参考写真として、建築金物類の中から３つほど劣化程度の著しい事例を紹介します。

　このようになる前に本書のような点検を行い、修繕の手を加えることが肝心です。

▲雨樋支持金具

▲集合郵便受箱

▲階段ノンスリップ金具

第10章 給排水・電気設備の調査診断

　前章までは建築分野の点検と診断についてお話ししてきましたが、建物はそれだけでなく、様々な設備が組み込まれて初めて機能します。
　この章では、そのような、人体に例えると循環器系に当たる給排水や電気設備等についてふれてみたいと思います。

1　点検対象と項目（劣化現象）

　普段マンションで生活をされている皆様方が、大袈裟な機材を用いずにできる日常点検の内容は、およそ次のようなものであろうと考えられます。

(1)　給水設備
　　1)　給水管等
　　　　Ⓐ水質……………………開栓一番の「赤水」(管内の錆が溶け出し上水が赤茶色に濁る現象) の程度
　　　　Ⓑ給水量…………………水栓を一杯に開けたときの水量
　　　　Ⓒ漏水事故………………過去に起きた給水管や水廻り器具からの漏水事故の有無
　　2)　給水機器類（給水ポンプや水槽等）
　　　　Ⓐ漏水……………………外観目視による有無の点検

▲給水設備：受水槽

　　　　Ⓑ破損・故障……………外観目視による有無の点検と過去の点検記録のチェック
　　　　Ⓒ老朽化…………………外観目視による程度の点検と作動音等のチェック
　(2) 排水浄化設備
　　1) 排水管等
　　　　Ⓐ臭気・排水音…………排水口からの悪臭の噴出やゴボゴボ等の異音の発生
　　　　Ⓑ排水量…………………排水口からの水はけの状況
　　　　Ⓒ漏水や詰まり事故……過去に起きた排水管や水廻り器具からの事故の有無
　　2) 排水浄化機器類（排水ポンプや浄化槽等）
　　　　Ⓐあふれ・異臭…………外観目視や臭覚による点検
　　　　Ⓑ破損・故障……………外観目視による有無の点検と過去の点検記録のチェック
　　　　Ⓒ老朽化…………………外観目視による程度の点検と作動音等のチェック
　(3) 電気設備
　　1) 共用部分照明器具類
　　　　Ⓐ管球切れ・点灯不良…点灯試験による状況調査

▲電気設備:共用部分照明器具

▲電気設備:テレビ共聴視アンテナ群

　　Ⓑ老朽化……………………外観目視による程度の調査と過去の修繕記
　　　　　　　　　　　　　　　録のチェック
2)　テレビ共聴視機器類

　　　　Ⓐ画像の乱れ…………状況調査
　　　　Ⓑアンテナ群の老朽化…外観目視による程度の調査
＊以上の他にもマンションには次のような設備が付いているのが一般的ですが、各々の理由によりここでは取り上げません。
(1)　専有部分でクローズした系として設けられている場合が多く、管理組合の管理対象物にはならない例が多いと思われるもの。
　　①給湯設備　　②換気設備
　　③冷暖房設備
(2)　素人の日常点検ではなかなか判定が難しく、専門家による検査の結果を見た方が判断がし易いと思われるもの。
　　①ガス設備　　②電話設備　　　③防災設備
　　④エレベーター設備

2 点検方法とチェックリストの説明

　前述した点検対象の中には、共用部分のみならず専有部分をも含むものが数多くあります。
　従って、まず各戸アンケートを実施して問題点の所在をつかんだうえで、管理組合の役員がその御宅を訪問し、状況確認を行う方が能率的であると考えます。
　また、共用部分の目視調査や過去の記録をチェックする際には、当たり前ですが、管理会社の担当者や管理人の協力を得ると大いにはかどります。
　なお、建築分野と設備分野の点検は、一度に行うと相当の量になりますので、日を分けて実施されることをお奨めします。
　「日常点検チェックリスト7（設備用）」を作ってみましたので参考にしてください。（巻末P.80）
　建築分野のそれと同じく、劣化程度の判定は3段階に簡略化してあります。

第11章 外構土木の調査診断

　市街地型で周囲にほとんど空き地がないマンションであっても、出入口のアプローチや隣地境界のフェンスはあるはずです。まして団地形式の住宅等では相当な量の外構土木分野の修繕対象があり、それらについての日常点検も考えなくてはなりません。

1 点検の対象

　日常点検で調べるものを以下5つのグループに分けてみました。
(1) 工作物関係
　① 遊戯施設や案内板等の園地工作物
　② 自転車や二輪車置場
　③ 機械式駐車装置
(2) 道路・街渠関係
　① 舗装・縁石
　② 街渠・側溝・街渠桝
(3) 囲障・擁壁関係
　① フェンス
　② 擁壁
(4) 埋設管渠関係

① 屋外給水管
　　② 屋外雨水管及び桝（マンホール）
　　③ 屋外汚水管及び桝（マンホール）
(5) 屋外灯関係

2 点検項目

　およそ以下のような点検項目が挙げられると考えます。
(1) 工作物関係
　　① 塗装の劣化状況　　　② 可動部の作動状況
　　③ 基礎の埋没状況　　　④ 破損・故障の状況
(2) 道路・街渠関係
　　① 舗装面の劣化状況　　② 沈下の状況
　　③ ひび割れ・破損の状況　④ 側溝や街渠の詰まり
(3) 囲障・擁壁関係
　　① 塗装の劣化状況　　　② フェンスの傾きや沈下・破損
　　③ 擁壁のひび割れや押し出し・崩れ
(4) 埋設管渠関係
　　① 破れや沈下詰まりによる溢れ
　　② 桝やマンホール等の破損
(5) 屋外灯関係
　　① 塗装の劣化状況
　　② 灯具の破損や点灯不良

3 点検方法

　販売時のパンフレットや保存図面から敷地全体の配置図をコピーし、敷地内を一巡して今までと同様目視や触って調べます。
　その際、工作物や屋外灯の鉄部塗装の劣化状況は第8章で述べた調査方法が、擁壁等のコンクリート部分の判定は第7章の壁面塗装の調査方法が応用できます。
　また、屋外灯が自動点滅方式で暗くならないとつかない場合は最後に回します。

小さなマンションならば、週末の一日がかりで建築・設備・外構総ての分野の点検ができると思われますが、大規模な場合は人数を増やして担当を分けるか、建築・外構と設備の実施日をずらす工夫が必要となります。

4 チェックリストの説明

　「**日常点検チェックリスト8（外構用）**」を作ってみましたので参考にして下さい。(巻末P.81) 判定は今までと同様、3段階のいずれかに○をつけるようになっています。

▲駐車場及び通路舗装
（縁石やマンホールも見える）

▲自転車置場

第12章 専門家の行う調査診断

　前章までは、管理組合の皆様方が御自身で行う日常点検と簡易診断について述べてきましたが、最後のこの章では、それを受けて専門家が行う調査診断について説明します。

1 調査の目的と段階

　日常お住まいのマンションで、あちこち汚れやひび割れが意識されるようになると、今まで述べてきたような日常点検と簡易診断を行い、専門家に相談して一度診てもらおうということになります。
　それを受けて専門家はより細かく調べ、後日修繕の際、資料として使えるような調査を実施します。通常その調査診断レベルは、次のように3段階に分けて考えられています。

〈1次診断〉
・主として目視観察による調査診断。
・図面や修繕記録の読み取り調査も含む。

〈2次診断〉
・主として目視観察、指触又は簡易な器具等による調査診断。
・原則として非破壊の検査となる。

〈3次診断〉

- 主として専用の測定機器を用いる調査診断。
- この場合は試験体の分析のため部分的な破壊検査となる。

実際の事例では、専門家に話が持ち込まれる時は既に素人目にもだいぶ傷んでいることが明らかな場合がほとんどで、したがって1次診断だけで終わる例はめったになく、一気に2次診断まで実施して、その結果により時に3次診断を行うケースが多いようです。

2 実際の調査方法

1次を略して、2次ないし3次診断の具体的な方法について3分野別に列挙します。

（建築分野）
- 躯体関係
    コンクリート中性化試験
    コンクリート圧縮強度試験
    コンクリート含有塩分試験
- 防水関係
    アスファルト針入度試験
    防水層接着力試験
- タイル・モルタル関係
    テストハンマー等による浮き打診試験
    剝離検知器（音波や赤外線）による浮き調査
- 塗装関係
    塗膜付着力試験
    光沢計による光沢度低下調査
    色差計による変褪色調査
    膜厚計による膜厚調査

（設備分野）
- 給排水設備関係
    超音波による管の肉厚測定
    内視鏡による管内部調査

管の抜き取りと切断による内部や接合部の状況調査
　　　Ｘ線撮影による管の肉厚測定
・電気関係
　　　機器の絶縁抵抗値の測定
　　　ＴＶ共聴視システムの電波受信レベル測定

（外構分野）
　　　埋設管渠のレベル測定
　　　外面腐蝕掘り出し調査
　　　囲障擁壁のレベル測定
　　　屋外灯の絶縁抵抗測定

　もちろん、以上のような道具や機器を用いて測定し数値を得るといった調査の他に、専門家による目視調査が併せて実施されることは言うまでもありません。
　また、その結果についての報告書類は、写真や図表を併用して一般の方々にも理解され易くなってきています。

3 診断結果の受け取り方について

　前述したようにプロの調査診断の目的は、現状の劣化状況から修繕工事が必要か否かを判定し、修繕設計の基礎となるデータを得ることにあります。
　一方、その結果を受け取る管理組合の役員の側としては、専門的な数字は別としても、しっかりとした根拠に基づく明確な結論を得ることが肝心で、その点をいい加減にすると今度は一般の区分所有者に対して、説得力のある説明をすることが出来なくなります。
　素人にもよく理解出来るように説明を成し得ることがプロの証と考え、報告書の受取りに際しては十分質疑を交わし、疑問点を無くすよう心掛けてください。

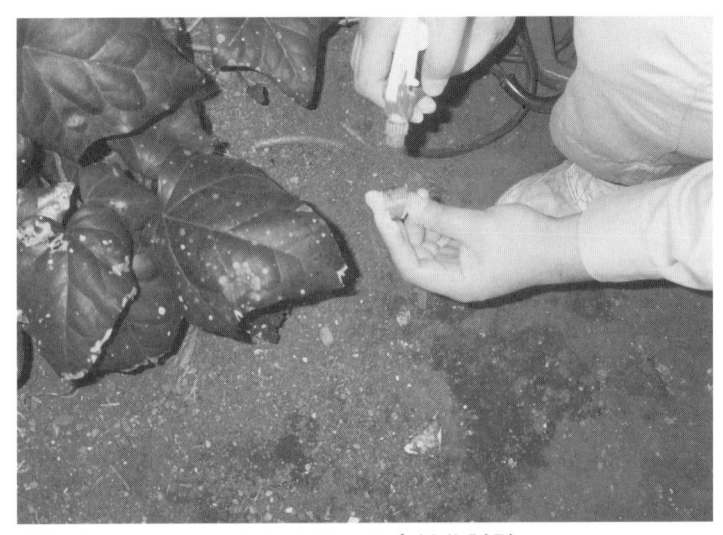

▲コンクリート中性化試験
試供体に中性化指示薬噴霧中

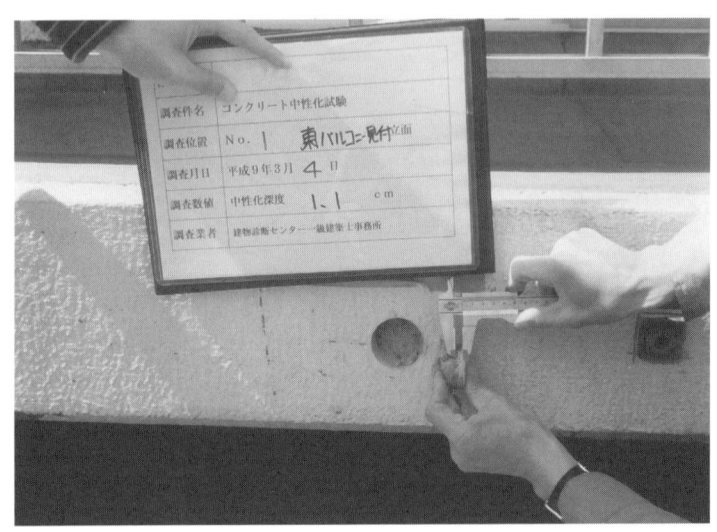

▲コンクリート中性化試験
中性化深度の測定

▲塗膜付着力試験
測定用アタッチメントに接着剤塗布中

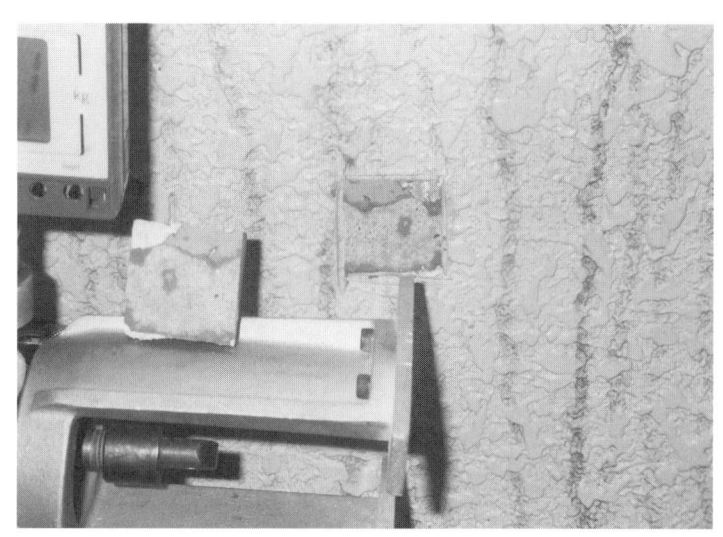

▲塗膜付着力試験
引張り試験機による破断状況

おわりに

　管理組合の役員の方々で出来るような日常点検と簡易診断について述べてきました。

　なるべく簡易な方法を目指したつもりですが、整理が足らずかえって面倒な印象を与えてしまったのではと反省しています。

　後掲の参考例で、チェックリストを叩き台として各マンションの実情により適したものに変え、お住まいのマンションの日常点検に役立てていただくことを願っています。

　なお、本文中でもふれましたが、日常点検は人体の健康診断と同様に、定期的に実施して現状を把握することに意味があります。

　管理組合役員が改選され、しばらくしてその運営に慣れた頃を見計らって、是非この点検を毎年の恒例行事にしていただきたいと思います。

日常点検チェックリスト1（屋上防水用）

調査日　　年　月　日	調査者
1．室内（天井）への漏水	A．なし　B．あり（少数）　C．あり（多数）
2．パラペットの押し出しによる外壁のひび割れ	A．なし　B．あり（少数）　C．あり（多数）
3．パラペット天端のひび割れ、せり上がり、欠損	A．なし　B．あり（少数）　C．あり（多数）
4．ルーフドレイン廻りの土砂堆積、雑草繁茂、雨水滞留	A．なし　B．あり（少数）　C．あり（多数）
押さえ防水工法専用	
5．立上り部分のひび割れ、欠損	A．なし　B．あり（少数）　C．あり（多数）
6．押さえコンクリート層の水勾配不良	A．なし　B．あり（少数）　C．あり（多数）
7．押さえコンクリート層のひび割れ、欠損、凍害、風化	A．なし　B．あり（少数）　C．あり（多数）
8．伸縮目地のせり上がり、欠損、雑草繁茂	A．なし　B．あり（少数）　C．あり（多数）
露出防水工法専用	
9．立上り部分の膨れ、たるみ、破れ	A．なし　B．あり（少数）　C．あり（多数）
10．押さえ金具の脱落、端部シーリングの劣化	A．なし　B．あり（少数）　C．あり（多数）
11．露出防水層の水勾配不良、膨れ	A．なし　B．あり（少数）　C．あり（多数）
12．露出防水層のめくれ、破断	A．なし　B．あり（少数）　C．あり（多数）
特記事項 　　現状仕様： 　　修繕経歴：	
総合判定　　A（劣化度　小）　　B（劣化度　中）　　C（劣化度　大）	

※コピーしてご活用下さい。ファイルに綴ることをお奨めします。

日常点検チェックリスト 2 (その他防水用)

調査日　　年　　月　　日　　　調査者	
屋　根　　　　現状仕様　　　　　　　修繕経歴	
1．屋根葺き材料の破損・ずれ・飛散	A．なし　　B．あり　　C．あり（多数）
2．屋根から室内への漏水	A．なし　　B．あり　　C．あり（多数）
3．判定　　　　A（劣化度　小）　　B（劣化度　中）　　C（劣化度　大）	
バルコニー　　　現状仕様　　　　　　修繕経歴	
4．床面のひび割れ・浮き・欠損・剥離	A．なし　　B．あり　　C．あり（多数）
5．床面・排水溝の水はけ不良	A．なし　　B．あり　　C．あり（多数）
6．天井面の漏水跡 　　（エフロレッセンスの発生）	A．なし　　B．あり　　C．あり（多数）
共用外廊下・外階段　　現状仕様　　　　修繕経歴	
7．床面のひび割れ・浮き・欠損・剥離	A．なし　　B．あり　　C．あり（多数）
8．床面・排水溝の水はけ不良	A．なし　　B．あり　　C．あり（多数）
9．天井面の漏水跡 　　（エフロレッセンスの発生）	A．なし　　B．あり　　C．あり（多数）
シーリング　　　現状仕様　　　　　　　修繕経歴	
10．弾力性の喪失	A．なし　　B．あり　　C．あり（多数）
11．ひび割れ・破断・脱落	A．なし　　B．あり　　C．あり（多数）
特記事項	
総合判定　　　A（劣化度　小）　　B（劣化度　中）　　C（劣化度　大）	

※コピーしてご活用下さい。ファイルに綴ることをお奨めします。

日常点検チェックリスト3（軀体・タイル用）

調査日　　年　月　日	調査者	
1．軀体　①幅の広いひび割れ	A．なし　B．あり　C．あり（多数）	
②幅の狭いひび割れ	A．なし　B．あり　C．あり（多数）	
③短い鉄筋露出	A．なし　B．あり　C．あり（多数）	
④長い鉄筋露出	A．なし　B．あり　C．あり（多数）	
⑤欠損	A．なし　B．あり　C．あり（多数）	
⑥漏水・エフロレッセンス	A．なし　B．あり　C．あり（多数）	
⑦モルタル層の浮き	A．なし　B．あり　C．あり（多数）	
⑧構造		
2．タイル　①ひび割れ	A．なし　B．あり　C．あり（多数）	
②エフロレッセンス	A．なし　B．あり　C．あり（多数）	
③浮き	A．なし　B．あり　C．あり（多数）	
④欠落	A．なし　B．あり　C．あり（多数）	
⑤現状仕様		
修繕経歴		
特記事項		
総合判定　　A（劣化度　小）	B（劣化度　中）	C（劣化度　大）

※コピーしてご活用下さい。ファイルに綴ることをお奨めします。

日常点検チェックリスト4（壁面塗装用）

調査日　　年　月　日	調査者
1．外壁立面　　　現状仕様	修繕経歴
①チョーキング・光沢消失	A．なし　B．あり　C．あり（多数）
②汚れ・変褪色	A．なし　B．あり　C．あり（多数）
③塗膜のひび割れ・摩耗	A．なし　B．あり　C．あり（多数）
④塗膜剥離	A．なし　B．あり　C．あり（多数）
2．天井面　　　　現状仕様	修繕経歴
①チョーキング・光沢消失	A．なし　B．あり　C．あり（多数）
②汚れ・変褪色	A．なし　B．あり　C．あり（多数）
③塗膜のひび割れ・摩耗	A．なし　B．あり　C．あり（多数）
④塗膜剥離	A．なし　B．あり　C．あり（多数）
3．手摺壁・内壁面　現状仕様	修繕経歴
①チョーキング・光沢消失	A．なし　B．あり　C．あり（多数）
②汚れ・変褪色	A．なし　B．あり　C．あり（多数）
③塗膜のひび割れ・摩耗	A．なし　B．あり　C．あり（多数）
④塗膜剥離	A．なし　B．あり　C．あり（多数）
特記事項	
総合判定　　A（劣化度　小）　　B（劣化度　中）　　C（劣化度　大）	

※コピーしてご活用下さい。ファイルに綴ることをお奨めします。

日常点検チェックリストA（バルコニー用）

調査日　　年　　月　　日　　調査者　　　　　　調査住戸　　　　号室
1．床　　ひび割れ　　　　　　m　　　鉄筋露出　　　　　　　　ケ所
欠損　　　　　　　ケ所　　モルタル浮き　　　　　　m²（％）
水勾配不良その他特記
2．壁　　ひび割れ　　　　　　m　　　鉄筋露出　　　　　　　　ケ所
欠損　　　　　　　ケ所　　モルタル浮き　　　　　　m²（％）
塗膜剥離　　　　　ケ所　　漏水その他特記
3．天井　ひび割れ　　　　　　m　　　鉄筋露出　　　　　　　　ケ所
欠損　　　　　　　ケ所　　塗膜剥離　　　　　　　　　ケ所
漏水（エフロ）その他特記
4．開口部他シーリング　　硬化　○　△　×　　ひび割れ発生　○　△　×
破断その他特記
5．サッシ等建具　　開閉状況　○　△　×　　　　破損・腐蝕　○　△　×
クレセント・ビート等の劣化　○　△　×
その他特記事項
現状仕様　床　　　　　　　　壁　　　　　　　　　天井
シーリング　　　　　　　　サッシ
修繕経歴

※コピーしてご活用下さい。ファイルに綴ることをお奨めします。

日常点検チェックリストB（共用廊下用）

調査日　　年　　月　　日　　調査者　　　　　　調査箇所　　　階
1．床　　ひび割れ　　　　　　m　　鉄筋露出　　　　　　　ケ所
欠損　　　　　　ケ所　モルタル浮き　　　　　㎡（％）
水勾配不良その他特記
2．壁　　ひび割れ　　　　　　m　　鉄筋露出　　　　　　　ケ所
欠損　　　　　　ケ所　モルタル浮き　　　　　㎡（％）
塗膜剥離　　　　　ケ所　漏水その他特記
3．天井　ひび割れ　　　　　　m　　鉄筋露出　　　　　　　ケ所
欠損　　　　　　ケ所　塗膜剥離　　　　　　　　ケ所
漏水（エフロ）その他特記
4．手摺等金物類（ひずみ・がたつき・破損・脱落等のチェック）
手摺　○　△　×　　　　エキスパンションカバー　○　△　×
雨樋及び支持金具　○　△　×　その他　○　△　×
5．玄関扉他鋼製建具　　開閉状況　○　△　×　破損・腐蝕　○　△　×
現状仕様　床　　　　　壁　　　　　　　天井
手摺　　　　その他金物　　　　鋼製建具
修繕経歴

※コピーしてご活用下さい。ファイルに綴ることをお奨めします。

日常点検チェックリスト5 (鉄部等塗装用)

調査日　年　月　日　調査者					
修繕経歴					
点検部位＼老化現象	チョーキング 光沢消失	汚れ　変褪色	塗膜のひび割れ 剥離	発錆　腐蝕	備考 (仕上げ等)
1．高置水槽架台	A B C	A B C	A B C	A B C	
2．屋上配管類	A B C	A B C	A B C	A B C	
3．通気管トップ	A B C	A B C	A B C	A B C	
4．タラップ	A B C	A B C	A B C	A B C	
5．マンホール蓋	A B C	A B C	A B C	A B C	
6．吊環	A B C	A B C	A B C	A B C	
7．TVアンテナ架台	A B C	A B C	A B C	A B C	
8．避雷針支持管	A B C	A B C	A B C	A B C	
9．屋外鉄骨階段	A B C	A B C	A B C	A B C	
10．屋内鉄骨階段	A B C	A B C	A B C	A B C	
11．RC階段手摺	A B C	A B C	A B C	A B C	
12．共用廊下手摺	A B C	A B C	A B C	A B C	
13．バルコニー手摺	A B C	A B C	A B C	A B C	
14．屋上手摺	A B C	A B C	A B C	A B C	
15．各戸玄関扉	A B C	A B C	A B C	A B C	
16．各戸PS扉	A B C	A B C	A B C	A B C	
17．床下点検口	A B C	A B C	A B C	A B C	
18．共用部鋼製扉	A B C	A B C	A B C	A B C	
19．物干し金物	A B C	A B C	A B C	A B C	
20．バルコニー避難ハッチ	A B C	A B C	A B C	A B C	
21．ドレイン類	A B C	A B C	A B C	A B C	
22．各種盤類	A B C	A B C	A B C	A B C	
23．消火栓ボックス	A B C	A B C	A B C	A B C	
24．ELV乗降扉	A B C	A B C	A B C	A B C	
25．バルコニー隔板	A B C	A B C	A B C	A B C	
26．バルコニー隔板枠	A B C	A B C	A B C	A B C	
27．共用照明器具	A B C	A B C	A B C	A B C	
28．EXPジョイントカバー	A B C	A B C	A B C	A B C	
29．窓手摺	A B C	A B C	A B C	A B C	
30．堅樋	A B C	A B C	A B C	A B C	
31．堅樋支持金具	A B C	A B C	A B C	A B C	
特記事項					
総合判定　A（劣化度　小）　　B（劣化度　中）　　C（劣化度　大）					

※コピーしてご活用下さい。ファイルに綴ることをお奨めします。

日常点検チェックリスト6（金物・建具・内装用）

調査日　　年　月　日　　調査者

○建築金物類

1.集合郵便受箱	①汚れ(A.B.C)　②ひずみ・がたつき(A.B.C)　③破損(A.B.C)
2.掲示板・案内板類	①汚れ(A.B.C)　②ひずみ・がたつき(A.B.C)　③破損(A.B.C)
3.階数表示・室名札等サイン類	①汚れ(A.B.C)　②ひずみ・がたつき(A.B.C)　③破損(A.B.C)
4.階段ノンスリップ金具	①浮き・がたつき(A.B.C)　②脱落(A.B.C)
5.換気ガラリ	①汚れ・錆(A.B.C)　②へこみ・割れ(A.B.C)　③脱落(A.B.C)
6.雨樋支持金具	①錆(A.B.C)　②破損(A.B.C)
7.EXPJカバー	①汚れ・錆(A.B.C)　②ひずみ・がたつき(A.B.C)　③破損・腐蝕(A.B.C)
総合判定　　A（劣化度　小）　　B（劣化度　中）　　C（劣化度　大）	

○共用部分鋼製建具類

	ひずみ・へこみ	がたつき・作動不良	破損・腐蝕
1.各戸玄関扉	A　B　C	A　B　C	A　B　C
2.PS及びMB扉	A　B　C	A　B　C	A　B　C
3.階段室防火戸	A　B　C	A　B　C	A　B　C
4.その他共用部分鉄扉等	A　B　C	A　B　C	A　B　C
5.アルミサッシ	A　B　C	A　B　C	A　B　C

総合判定　A（劣化度　小）　　B（劣化度　中）　　C（劣化度　大）

○共用部分内装

	汚れ	めくれ・はがれ	割れ・欠け
1.エントランスホール　床仕上げ	A　B　C	A　B　C	A　B　C
2.〃　　　　　　　　壁仕上げ	A　B　C	A　B　C	A　B　C
3.〃　　　　　　　　天井仕上げ	A　B　C	A　B　C	A　B　C
4.エレベーターホール　床仕上げ	A　B　C	A　B　C	A　B　C
5.〃　　　　　　　　壁仕上げ	A　B　C	A　B　C	A　B　C
6.〃　　　　　　　　天井仕上げ	A　B　C	A　B　C	A　B　C
7.エレベーターかご　床仕上げ	A　B　C	A　B　C	A　B　C
8.〃　　　　　　　　壁仕上げ	A　B　C	A　B　C	A　B　C
9.〃　　　　　　　　天井仕上げ	A　B　C	A　B　C	A　B　C
10.管理事務所・集会室　床仕上げ	A　B　C	A　B　C	A　B　C
11.〃　　　　　　　　壁仕上げ	A　B　C	A　B　C	A　B　C
12.〃　　　　　　　　天井仕上げ	A　B　C	A　B　C	A　B　C

総合判定　A（劣化度　小）　　B（劣化度　中）　　C（劣化度　大）

(注記) EXPJ：エキスパンションジョイント　　PS：パイプスペース　　MB：メーターボックス

特記事項

※コピーしてご活用下さい。ファイルに綴ることをお奨めします。

日常点検チェックリスト7（設備用）

調査日　　年　月　日　　調査者

○給水設備

1．水質・赤水の発生（程度）	A．なし	B．少量（程度小）	C．多量（程度大）
2．水量・水栓をいっぱいに開けたときの水量	A．充分	B．余り充分ではない	C．不十分
3．漏水事故・今までの記録から	A．なし	B．1、2件発生	C．多発
4．給水機器類の漏水・目視調査による	A．なし	B．少しあり	C．各所にあり
5．給水機器類の破損・故障・目視や点検記録による	A．なし	B．1、2件発生	C．多発
6．給水機器類の老朽化・目視調査による	A．なし	B．程度小	C．程度大

総合判定　　A（劣化度　小）　　B（劣化度　中）　　C（劣化度　大）
過去の修繕記録：
その他の不具合箇所等：

○排水設備

1．臭気・排水音・排水口からの悪臭・異音	A．なし	B．少量（程度小）	C．多量（程度大）
2．排水量・排水口からの水はけ	A．充分	B．余り充分ではない	C．不十分
3．漏水や詰まり事故・今までの記録から	A．なし	B．1、2件発生	C．多発
4．排水浄化機器類のあふれ・異臭・目視や嗅覚調査による	A．なし	B．1、2件発生	C．多発
5．排水浄化機器類の破損・故障・目視や点検記録による	A．なし	B．1、2件発生	C．多発
6．排水浄化機器類の老朽化・目視調査による	A．なし	B．程度小	C．程度大

総合判定　　A（劣化度　小）　　B（劣化度　中）　　C（劣化度　大）
過去の修繕記録：
その他の不具合箇所等：

○電気設備

1．共用部分照明器具類の管球切れ・点灯不良・点灯試験による	A．なし	B．1、2件発生	C．多発
2．共用部分照明器具類の老朽化・目視調査による	A．なし	B．程度小	C．程度大
3．テレビ共聴視機器類の劣化による乱れ・状況調査による	A．なし	B．程度小	C．程度大
4．テレビ共聴視アンテナ群の老朽化・目視調査による	A．なし	B．程度小	C．程度大

総合判定　　A（劣化度　小）　　B（劣化度　中）　　C（劣化度　大）
過去の修繕記録：
その他の不具合箇所等：

メモ

※コピーしてご活用下さい。ファイルに綴ることをお奨めします。

日常点検チェックリスト 8 (外構用)

調査日　　年　月　日　　調査者

○工作物

1．塗装の劣化状況…変褪色や錆の程度	A．なし　B．程度小　　　　C．程度大
2．可動部の作動状況…動きが円滑でない所はあるか	A．なし　B．少しあり　　　C．多発
3．基礎の埋没状況…沈下したり浮き上がっている所はあるか	A．なし　B．1、2ケ所あり　C．各所にあり
4．破損・故障の状況…目視調査による	A．なし　B．1、2ケ所あり　C．多発
総合判定　　A（劣化度　小）　　B（劣化度　中）　　C（劣化度　大）	
過去の修繕記録：	
その他の不具合箇所等：	

○道路・街渠

1．舗装面の劣化状況…風化や摩耗の状況	A．なし　B．程度小　　　　C．程度大
2．沈下の状況…沈下したり浮き上がっている所はあるか	A．なし　B．1、2ケ所あり　C．各所にあり
3．ひび割れ・破損の状況…目視調査による	A．なし　B．程度小　　　　C．程度大
4．側溝や街渠の詰まり…排水が滞っている所はあるか	A．なし　B．1、2ケ所あり　C．各所にあり
総合判定　　A（劣化度　小）　　B（劣化度　中）　　C（劣化度　大）	
過去の修繕記録：	
その他の不具合箇所等：	

○囲障・擁壁

1．塗装の劣化状況…変褪色や錆の程度	A．なし　B．程度小　　　　C．程度大
2．フェンスの傾きや沈下・破損…目視調査による	A．なし　B．1、2ケ所あり　C．各所にあり
3．擁壁のひび割れや押し出し・崩れ…目視調査による	A．なし　B．1、2ケ所あり　C．各所にあり
総合判定　　A（劣化度　小）　　B（劣化度　中）　　C（劣化度　大）	
過去の修繕記録：	
その他の不具合箇所等：	

○埋設管渠

1．破れや沈下詰まりによる溢れ…排水不良や水溜により判断	A．なし　B．1、2ケ所あり　C．各所にあり
2．桝やマンホール等の破損…目視調査による	A．なし　B．1、2ケ所あり　C．各所にあり
総合判定　　A（劣化度　小）　　B（劣化度　中）　　C（劣化度　大）	
過去の修繕記録：	
その他の不具合箇所等：	

○屋外灯

1．塗装の劣化状況…変褪色や錆の程度	A．なし　B．程度小　　　　C．程度大
2．灯具の破損や点灯不良…目視及び点灯試験による	A．なし　B．1、2ケ所あり　C．各所にあり
総合判定　　A（劣化度　小）　　B（劣化度　中）　　C（劣化度　大）	
過去の修繕記録：	
その他の不具合箇所等：	

メモ

※コピーしてご活用下さい。ファイルに綴ることをお奨めします。

▶著者略歴◀

澤田　博一（さわだ　ひろかず）

　1975年多摩美術大学美術学部建築学科卒業。設計事務所、マンション管理会社勤務を経て、マンションの劣化診断や長期修繕計画の作成を行う「㈲建物診断センター」を設立。
　㈶マンション管理センターの計画修繕マニュアル検討委員会委員を務めたほか、各種セミナーの講師としても活躍。

主な著書
○「マンション管理組合解決　マンション大規模修繕工事」（住宅新報社）
○「知ってトクするマンションリフォームの急所〔共著〕」（住宅新報社）

有限会社　建物診断センター
〒150-0002　東京都渋谷区渋谷1-17-4-601
　TEL：03-5485-1271
　FAX：03-5485-7806
E-mail：tsc@aqua.famille.ne.jp
　URL：http://www4.famille.ne.jp/~tsc/

管理組合でできる日常点検と簡易診断

2000年3月15日　第1版第1刷発行

著　者　澤　田　博　一
発　行　㈶マンション管理センター

発　売　株式会社 大成出版社
東京都世田谷区羽根木1－7－11
〒156-0042　電話 03(3321)4131(代)
http://www.taisei-shuppan.co.jp/

©2000　澤田博一　　　　　印刷　信教印刷㈱
落丁・乱丁はおとりかえいたします。
ISBN4-8028-8447-8